稲妻に打たれた欲望

精神分析によるトラウマからの脱出

Le Désir Foudroyé : Sortir Du Traumatisme Par La Psychanalyse

By Sonia Chiriaco

ソニア・キリアコ 著　向井雅明 監訳

誠信書房

Le Désir Foudroyé
Sortir Du Traumatisme Par La Psychanalyse

by Sonia Chiriaco

不意をついて捉える[†一]べきものは、最初に起こったときに外傷として印づけられたなにかです。

ジャック・ラカン「現実との関連における精神分析について[*1]」

＊1　Lacan J.,《De la psychanalyse dans ses rapports avec la réalité》[1967], *Autres écrits*, p. 353.

〈訳註〉

†一　surprendre、分析セッションの中で患者の言葉の中に患者自身も知らない意味を素早く捕らえることを指す。

日本の読者へ

ソニア・キリアコ

本書が日本の読者の手に渡ると知ってうれしい限りです。トラウマに関しての執筆作業を始めたとき、精神分析の概念に詳しい人たちに限らず、広範な読者層を念頭においていました。ですから、本書が日本にも広がることは最初の思惑通りなのです。

精神分析家を訪れる人たちの大部分が、一見して明白であるにせよ、そうでないにせよ、トラウマについて語るためにやって来るのは間違いありません。トラウマ〔の解決〕に対する処方は常に特異なものです。というのも、それぞれの出来事は、いかにそれが突然に起こったことであっても、既存の個人史の中に書き記されるものでしかないからです。つまり、トラウマはその人だけのもの、一人一人、違うのです。だからこそ、トラウマ〔の解決〕に対する最良の回答は、それぞれのケースに合った実践をケース・バイ・ケースで行なう精神分析なのだと思うのです。

私が紹介したかったのは、精神分析によって解明された臨床例を通して、精神分析はどのように作用するかということです。本書では細部を重要視する臨床を優先させ、衝撃的な出来事だけが外傷を引き起こすものではないということも指摘しました。時には、ほんのちょっとしたことが稲妻のように欲望を襲い、苦痛と症状の反復を引き起こすのです。したがって、トラウマに関する本書は、分析主体の務めと分析家の作業について語っています。また、トラウマはわれわれ一人一人に関係があるのだということも明らかにしています。

日本の読者のみなさん、あなた方それぞれがこの本の中で、ご自身の主体的経験の反響を見いだせることを願っています。

目　次

プロローグ

レアの家は灰燼に帰してしまった。灰、そして炎の記憶が彼女に刻まれた。彼女はあの光景の記憶を前に固まってしまい、それから抜け出ることができなかった。言葉は詰まり、思考も停止した。記憶は生々しさを伴って幾度となく思い起こされた。レアはパーティからの帰りであり、自分の家が燃えているとはすぐには理解できなかった。サイレンが聞こえ、遠くで火事に気がついた。突然のショックだった。すぐ近くにやってきたとき、屋根が崩れ、母屋の残りが燃え尽きるのが見えた。消防士達は動き回っていたが徒労であった。ただ火を見ているしかなかった。

レアは身動きができなかった。人々が彼女とその家族の面倒を見てくれた。ありがたいことに翌日からいろいろな形で家族に援助が与えられた。彼女の近親者達は、誰にも怪我がないのは何よりだったと慰めた。確かにそうだった。あの夜出かけようと思いついたのは、なんて運が良かったのだろう。しかし、火事なんかはたいしたことではない、と自分に言い聞かせようとしても、その出来事を乗り越えることはできなかった。悪夢が続いた。夢の中では炎が燃えさかっていた。火、消防士、崩れゆく家、イメージがぐるぐると回った。レアは家を救おうと駆けつけるが、いつもすでに遅かった。彼女は悲しみに打ちひしがれた。

この事件から大分経ってから彼女は分析家のもとを訪れたのだが、本人にはすでに何が問題なのかわかっていた。睡眠障害、仕事を終えて自分の新しい住居に近づくときにいつも起こる不安、だがそれらを生みだす外傷的原因を探る必要はなかった。レアには自分の苦しみの理由がわかっていたからだ。それは電気のシヨートにより引き起こされた火事であり、単純明快ではっきりと区別されていた。火事以前と以後との違いなのだ。しかしながら、それでも彼女には何か釈然としないものが残り、分析家のオフィスを訪れることにした。それは話したいという欲求とは違った何かだ。

それまで彼女は話すように勧められ、それに従って話してきた。何度も家が焼ける恐ろしい光景の話をし、それに続く不安を説明し、自分は全てを失ったと言ってきた。それでも、全てを再構築してきた今もなぜ深い悲しみが続くのか理解できなかった。ときどき彼女は、もし自分の家族が炎に閉じこめられていたらどうなっていただろうかと考える。彼女はそれについて事後的に不安を感じるのだが、そういった不安から分析家を訪れたのでもないということはわかっていた。

分析家との最初の面接で、彼女は来訪の理由を説明するためにふたたび火事について話し、自分は全てを失ったと言った。分析家はそれに対してなにも付け加えなかったが、ただ「全て？」と聞き返した。[†1]すると、レアは泣き崩れた。彼女は自分の話に、それまで話したことのなかったほんのささやかな細部を付け加えた。それはまったく意味がないことのように思えていたのだが、分析家を前にして浮きあがってきたのだ。恐怖のイメージの裏、失われた家と灰の裏に出てきたのは、ギザギザの縁取りをした白黒の一枚の小さな写真であった。それは周りを積み木に囲まれ、地面の上に座っている幼年時代の彼女であった。彼女のこぼれんばかりの微笑みは、写真には写っていないが、彼女のまなざしの中に宿るカメラマンに向けられている。カメラマンは父親だった、と彼女は確信している。父親は何年も前に、家の火事よりも遥か以前に亡くなった。彼女が失った貴重な対象とは、この見えないもの、純粋に内密なものが隠している秘密のようなものであった。レアはこの写真の中に影として残されている父親のまなざしを失ったのだ。家の喪失は、焼けたアルバムの中に失われた、あの写真を意味していた。一枚の写真に泣くなんてばかげていると思いながらも、彼女は父親が亡くなったときにはそれほど苦しまなかったことを思って驚いた。レアは失われた幸せのイメージをなくし、泣き崩れたのだ。

分析は始まったばかりだった。そこから長い道のりが続いた。彼女のエディプス的ドラマ[†二]のあちらこちらに隠された問題の全てを白日の下にさらし、どうして自分が子供の頃の父親に向けたあの日の微笑みに宙ぶらりんになったままなのか、ということを解明するためには必要な道のりだった。あの微笑みは彼女にとって貴重なものだった。なぜなら、それは彼女のうちに父親の愛の保証を残してくれるからだ。彼女は父親を失ったあとも、長いあいだ、自分の存在を支えるために父親の愛から活力をもらっていた。ギザギザの縁取りをされた小さな写真は彼女にとって欲望の貯蔵庫であり、当時気がついてはいなかったが、それは彼女が生きるための源泉だったのだ。彼女の存在はこの微笑みに凝縮されており、それは父という不在者のまなざしの真の陰画であった。

外傷が明確に描かれ、それを引き起こした出来事が型どおりに語られるだけでは十分ではなかった。レアが愛する人達に再び微笑みを送るよう同意するためには、分析が必要だったのだ。

〈訳註〉

†一　冒頭扉のラカンの言葉の通り、主体が気付いていない意味を「不意をついて捉え」たことを示しているひとつの実例である。

†二　用語解説「エディプス・コンプレクス」を参照。

はじめに

外傷というものは白日のもとに現れることもあるし、逆に隠れた姿をとることもある。前者の場合においては、レアのケースがそうだったように、主体の人生をひっくり返すような外傷的出来事は限定され、はっきり位置づけされ、長いあいだ語り続けられてきたにもかかわらず、鎮静化がもたらされないのだ。外傷体験者達が常に立ち戻る消去不能な痕跡である外傷の彼方で、何かが抵抗し続けている。彼らは、悪夢、漠然とした、もしくは強度の不安、悲哀などでいっぱいになることがある。こうした苦痛を伴う永続的な反復がつづくと、時に彼らは分析家を訪ねようと決心するのだ。

後者のように外傷が隠されている場合には、主体[†一]は自分の苦しみの原因がわからないのだが、自分の症状[†二]の起源には外傷があるのではないかという仮説を立てる。

どちらの場合にも、分析家は、苦しみから分析主体[†三]を解放するために、苦しみの不透明性、謎を解読し、真の原因を見つけ出してくれる者だと想定される。分析家は症状の無意識的意味を知っており、症状を解消するために解釈[†四]をすると想定されているのだ。人は単に語り、そして聞いてもらうためだけに分析家を訪れるのではない。分析家には別のこと、すなわち解釈が期待されている。分析家へのこの単純な想定によって、分析家に向けられた発言は別の意味をとり、単なる打ち明け話と同じ効果は持たない。レアはこのことを最初のセッションから証明している。自分でも気がつかずに、彼女は「分析家の現前はそれ自身無意識の発現である」[*1]というラカンの言葉を証明しているのだ。分析家がいなければ無意識もありえない。無意識は転移と共に現れ、転移[十五]は無意識を解釈できるものに変えて、無意識に実質性と効力を与える。
今日では話を聞くことは一般化しており、その中にあって外傷も、こうしたあらゆる場所で万人のために盛んに行なわれている苦痛に対する予防法から逃れるものではない。私達は予防措置の時代にいるのであり、大事故が起きるたびに「心理ケアグループ」が組織され、外傷の専門家やボランティアが作業を始める。破壊的な出来事に触れた人々はそれについて語るように勧められる。今の言葉で言うと「言語化する」ということだ。以前には口にしなかったことを言わなければならないのである。善きにつけ、時には悪しきにつけ、繰り返し言うのである。なぜなら今は完全な透明性が要求される時代だからだ。

　何年か前から、被害者学という新しい分野が、外傷を被った人達の受け入れ、援助、そして彼らについての調査の中で専門化されてきた。当該の被害者達によって体験された出来事は、その帰結である「心的外傷性障害」とともに目録に記載され、三つのカテゴリーに分類されている。これら全ては大変うまく記述されている。インターネットで調べられる質問形式の「一般向け」の分類により、各自は自分の障害の重さを評価することができる。[*2] もしスコアが二十二以上であれば心的外傷に苦しんでいることになり、すぐにかかりつけ医に診てもらう必要がある。被害者に対して取るべき態度についての助言の中でとりわけ推奨されるのは、好意的な聞き取りを提供すること、被害者の諸経験を共有するように促すこと、被害者に苦情を言わせるようにすることである。これらの助言には疑いなく価値があり、精神分析は自らが広まるにつれ、語ることは良い効果をもたらすというまったく単純な考えを広げるのに貢献したに違いない。かくして、一昔前だと恥ずかしかったことでも、今日では、より容易に告白することができるようになった。苦痛を訴えることがより容易になり、その結果、完全な孤立から抜け出せるのだ。だが、こういった状況は全ての人にとって有効なわけではない。それはもっとも上手くいった場合には外傷的出来事の象徴化の開始を可能にする。ただしそうだとしても、こうした出来事がまず言い表わされる必要があるのである。そのことを表現する言葉がなかった、それを語るという考えが浮かばなかった、もしくは出来事のなまなましさから自分を護るためにそれについて沈黙する方を選んだという証言を、何年も後になってする患者も多くいたからだ。ある人達にとって、沈黙はショックのあとの最良の防衛である。何年もあとでしかるべきときが訪れたとき、時間によって現実的なもの[†十六]に多少ヴェールがかけられるとき、もしくは偶然の出来事によって彼らが現実的なものを象徴的なもので軽く覆うことができるとき、彼らは自分達に起こったことを語るのを受け入れるであろう。ときには何も言わず、パンドラの箱を開けない方がよいこともある。

主体を信頼すること、これが精神分析の賭けである。精神分析は被害者の背後に、自分自身に先だつ歴史によって、つまり自分を指し示すシニフィアン[†十七]によって形成された主体を常に想定する。たとえ主体がトラウマのもとに消失してしまったように見えるとしても、そのような想定をするのだ。「被害者」という言葉は、当該の人物が自分の主体性の関与なしに被害を被ったということを意味する。

したがって精神分析は、出来事を第一に考えて主体は二次的、さらには不在だとさえ見なす被害者学とはそもそも一線を画すのである。

精神分析的な態勢は違った観点をとる。出来事自体というよりも、主体がそれをどう扱っているだろうかということを強調する。それは本人以外には誰も代弁することができないことだ。いかなるカタログも質問事項も、常に特異的である主体的経験をリスト化することはできないのだ。

しかしながら、被害者学の専門家達によって打ち立てられた外傷的出来事のリストを詳細に調べてみるのも意味のないことではない。テロに始まりレイプに至るまで、ハラスメント、事件、および主体の生命を脅かす全ての出来事を通じて、そこには死やセクシュアリティがつねに組みこまれている。われわれは、これらの出来事の基本的に外傷的な性格を明らかにしたフロイトの足跡を追っている。つまり、死と性は、欠如[†十八]の唯一の表象である象徴的去勢の操作を通してしか表象できないのだ[†十九]。死と性は小さな子供が言語に参入するや否や直面する二つの本質的な問いである。それは子供を根源的な孤独に対面させる二つの回答不能の問いなのである。それに正面から答えられる人は誰もいないからだ。既存のいかなる知も、いかなるシニフィアンも、「私はどこから来たのか、どこに行くのか、なぜ生は、死はあるのか」という存在の謎を解決することはできない。人間存在は、おのれの置かれた場所を知るための導きとして、いかなる本能に頼ることもできない。なぜなら、言語は人間を本能から切り離したからであり、これらの存在に関する避けて通れない問いに対峙するためには、言語は近似的な道具でしかないからだ。つまり、言語は性と死の全てを言い表わすことはできないのだ。主体は救いようもないほどに孤独であり、自らの早期の経験と自分に伝達されたシニフィアンに基づいて、自分に固有のファンタスム的な解決法を練り上げるしか選択肢をもっていない。ファンタスム[†一〇]はひとつのブリコラージュ[†一一]であり、想像的でシニフィアン的な構築物であるとともに、生命の謎、そして生命の始まりと終わりの謎に直面するときに進む方向を定めるための指針である。したがって、外傷的なのはセクシュアリティや死というよりも、知におけるこの穴[†一二]、無意識が棲まうあの裂け目[†一三]である。

　われわれは各自、自分のやり方で象徴的なものと想像的なものを使ってヴェールを織り上げ、それによってこの穴から自分自身を護り、常に部分的でしかないが一定の平穏の中で生きることが可能となる。

外傷とは主体に何の「用意」[*3]もないときに心的生活に不法侵入し、ファンタスムのヴェールを引き裂きにやってくるひとつの出来事である。それは誰も修正することも避けることもできないうちに不意をついてくる突発的な事態である。この意味において、外傷は予知不能なものとしての現実界との真の出会いである。こうした不測の事態との悪しき出会いを名づけるために、ラカンはアリストテレスから「テュケー（tuché）―〔……〕現実界との出会い」[*4]という用語を借用する。テュケーの前では主体は無防備であり、自らの驚愕のみに還元される。フロイトはわざわざ「驚き」という次元を持つ「驚愕」という言葉を使い、不安という次元から区別した。不安は逆に、主体に危険の切迫を告げ、主体を「驚愕から保護する」[*5]。外傷の暴力はその出来事がシニフィアン連鎖へ接続するのを妨げることによって心的生活の連続性を断ち、その出来事を——人生における他の諸々の出来事とは異なり——意味の外に置き去りにし、主体の歴史に統合不能のままに残す。その出来事は彼の歴史においてはひとつの穴に過ぎない。この突然の断絶をはっきりと示すために、ラカンは「troumatisme」[*6]という造語を考え出した。[†一四]この同化不能の出来事は、主体が絶対的に依存する保護者である〈他者〉[†一五]から離れて一人きりでいるときの、虚弱で無防備な、まったくの幼児の根源的な困窮へと主体を立ち戻らせる。この出来事は底なしの深淵を露呈させるのだ。外傷はとりわけ不可能なものとの出会いなのである。

フロイトと外傷

外傷理論はフロイトが精神分析を創造したときの出発点であった。当時、フロイトは幼年期の誘惑シーンの記憶を語るヒステリー症者達[†一六]の苦しみに取り組んでいた。彼女達はその記憶によって消去不能な刻印が押されているようにみえた。初期の分析において、フロイトはまさしく現実的な外傷的出来事を探していた。ところが、やがて彼は、その記憶は非常に多くの場合、外傷の姿をとった誘惑のファンタスムなのだということを発見した。[*7]フロイトはそれでも、セクシュアリティが根源的に外傷的な性格を持つことをすでに直観的にわかっていた。

それに加え、店に入ると恐怖症に陥る若い娘エマ[*8]の分析によって、外傷は二つの時によって構成されるということがわかった。この患者は十三歳のとき、二人の店員が自分を見て笑い始めた後で、最初のパニック発作を起こしたのだ。分析によって、あるシニフィアン連鎖の全体からより幼いときの抑圧された記憶が呼び戻された。それは彼女が八歳のとき、彼女自身なにも理解できないうちに被った性的いたずらとして、セクシュアリティの謎に出会った記憶であった。ある店の中で一人の店員が「いやらしい笑いを浮かべて」彼女の服の上から彼女の性器に触れたのだ。エマが思春期に達したとき、若い店員達の「笑い」は彼女のうちに、抑圧された記憶を再び活性化させた。その意味がやっとわかったのだ。事後的効果[†一七]による外傷としてのこの最初の出会い、すなわちこの最初のときを構成するのは分析である。そこにおいて、最初のときは第二のときがやって来てはじめて外傷的となる。

　このフロイトの例からわかるのは、患者の外傷の原因はセクシュアリティというよりも、むしろ子供のそれに対処する能力の不足、すなわち幼年期におけるセクシュアリティに関する知の欠落から来ているということだ。この謎を前に少女は何もできないでいる。これが現実界というものである。それは意味を持たず、何にも関係を持たない。エマの場合は店の恐怖症は事後的にしか現れていない。

　同じように、レアは燃え盛る自分の家の前で動けなくなったのだが、それはじつは彼女が喪を終えていない父親の死を再び実感させる第二のときであった。その父親の死が、象徴化されていない喪失である第一のときなのである。

　このように、誘惑のファンタスム理論にもかかわらず、フロイトは外傷の問題を捨てたわけではなかった。彼は外傷神経症患者との経験からその問題を再び取りあげることになった。[*9]フロイトが観察したのは、暴力的で同化不能な出来事にぶつかった人達は、外傷への奇妙な心的固着を示す悪夢や強迫観念の形のもとに、その出来事をいつまでも再現するということであった。ところで、衝撃の最中は奇妙にも情動が不在であっても、つらい記憶の回帰は逆に強い不安を伴う。外傷は必ず反復として登記される。これらの繰り返し現れる夢は、トラウマの現実的なものを告げて、現実的なものは常に同じ場所に戻るということをはっきりと示してくれる。こうして、反復強迫[†一八]は快原理[†一九]を超え、快原理と矛盾するようになるのである。このことに納得するためには、反復は心地よい記憶というよりも、耐えがたい状況に関係しているということを確認すればよい。こうした状況は、強迫的観念から悪夢に至るまで、主体が意図せず理由もわからずになす行為を通して、症状としてのあらゆる形のもと戻ってきて主体を苦しめるのである。

　フロイトが真に反復の力と反復に賭けられた意味を認識したのは、幼児が対象物を出したり隠したりして遊ぶ反復的なゲームを注意深く観察した結果であった。[*10] 悪夢と並んで、このゲームはつらい出来事、つまり子供にとって母親の喪失を象徴化するという同じ目的に利用されている。しかし、何かが外傷的出来事の象徴化に抵抗している。それは主体の意志に反して執拗に現れるあの不変の残余[†一〇]である。

　フロイトはこれら全ての観察をもとに、反復は快の領域ではなく、死の欲動に仕える「快原理の彼岸」[*11]に属すると結論づけることができた。精神分析の生みの親は、人間は何よりも自分と自分の同類にとっての善を欲する、という古来からある信念を粉砕してしまったのだ。歴史は残念ながら、フロイトの主張を裏付ける証拠を付け加えることになった。この思想的大転換の少し後にやってきたホロコーストは、それをもっとも恐ろしい姿で立証した。人間は一方では他者の破壊を望み、他方では自らの病的な症状につながれている。これが、フロイトがもたらした真のスキャンダルである。

　ラカンはリビード的欲動と死の欲動[†一一]をジュイッサンス[†一二]という同一の用語のもとに束ねることによって、人間存在の心的経済におけるマゾヒズムの優位な位置を捉えさせてくれる決定的な一歩を踏み出した。この観点からすると、ジュイッサンスは快と区別され、むしろ苦痛に近いものである。

　臨床によって確認されたこの恐ろしい発見は、欲動の不滅性は創造や発明にも結びつくという、欲動のもうひとつの側面によって多少の含みをもたらされなければならない。じっさい、欲動は昇華[†一三]という迂回路を経て、みずからの目的を果たすこともできる。芸術的機能は人類の黎明期から存在し、ずっとそれを証言してきた。人間は自らの生物的欲求に有用な対象物だけを作って来たわけではない。すぐにそれらの対象物に装飾を施すこともした。人間は絵を描き、彫刻し、建築し、発明した。探求し、恐ろしい〈もの〉[†一四]にヴェールを掛けるために美を見出したのだ。

ファンタスムと外傷

この快原理の彼岸に関するフロイトの新しい前進は、ファンタスムの理論を無効にするものでは決してない。外傷とファンタスムは排除し合うものではないのだ。

両者の関係のより正確な把握を可能にしてくれたのもやはりラカンである。彼はファンタスムは外傷に対処するひとつの方法、象徴界と想像界による現実界の処理方法のひとつだということを示してくれる。ファンタスムは外傷の現実的なものに対するスクリーンであり、症状とおなじように現実界への返答なのだ。ファンタスムはしたがって外傷の原因というよりも、むしろ外傷がまとう衣服であろう。それは現実界の現前をまさに知らせることによって現実界から保護し、現実界の場所にやってくる。象徴的なものと想像的なものが繋がり合い、命名も表象も不可能で同化不能な現実界を考慮するのだ。その理由は簡単である。すでに述べたように、言語は現実界について全てを言うことができないからだ。主体は、去勢の別名である、知における裂け目に最初から直面する。人間の子供は、この世界に登場するや否や自らを示すシニフィアンによって印づけられ、言語によって分断され、永遠に始原の対象から分離される。ラカンはこの創設的外傷(traumatisme constitutif) を重視した。つまり、取り返しのつかないこの始原的喪失は、ひとつの手の届かない残余を伴っている。この最初の欠如が、まさに主体が欲望に参入することを可能にするのである。ファンタスムはこの構造的外傷を着飾らせるために使用される。

日常用語でもそのまま外傷と呼ばれる人生のうえでの事故、悪しき出会い、災難は、象徴的バリアーを突き破り、始原のトラウマを再現させる。ファンタスムの盾にこうして開けられた亀裂は、耐えがたいジュイッサンスから主体を保護するその盾の力を無効にしてしまうのだ。すでに見てきたように、ジュイッサンスは快と混同できない。それはむしろ乱すもの、混乱させるものであり、存在の平穏を乱すのだ。それは快原理の彼岸に属し、苦痛に至らしめることもある。主体は、自らにのしかかる現実界に対して身にまとうべき防衛[†二五]手段を持っておらず、まったく脆弱で、行動も思考も停止したままにその場で立ちすくむ。外傷を被った人達が茫然自失するのは、現実界の侵入によるシニフィアン連鎖の断絶に起因している。生体の何かが途絶えてしまい、停止するのだ。この観点によると、外傷にはそもそも存在がなく、象徴界の穴、シニフィアンの網の穴しかない。それは、しかるべくときが訪れ、主体が外傷を命名することが可能になってから、事後的にのみ外傷としてつくり出されるものである。この命名はまずその周辺の縁取りを可能にし、つぎに、茫然自失から抜け出す唯一のやり方である諸々の想定、諸々の仮説の組み合わせを通して、外傷を謎のシニフィアンとして生起させることを可能にするだろう。意味の外に置かれていた出来事は、そこで意味へと移行するだろう。たとえこの意味が不可解さ、問い、そしてやがて症状となるとしてもである。こうした条件のもとでこそ、出来事は分析によって取り扱うことができるようになるだろう。

症状はそれゆえトラウマの後遺症であり、外傷的現実界との出会いの帰結である。だから、誰かが外傷的出来事について語る場合には、その人は常に自分がその出来事をどのように扱ったかについて語っているのである。その人は常にひとつの解釈を手渡してくるのだ。なぜなら、現実界は象徴界と想像界の衣服をまとわされて初めて言い表わすことができるからである。例えばそれは、ループしながら戻ってくる消去不能のイメージを含むシーンの描写であるかもしれない。分析主体にとっても分析家にとっても、最初に手に入れることができるのはそれしかない。すなわち、外傷的出来事、そしてそこから出てくる諸帰結——苦しみ、不安、症状——に向かい合うために主体がどのように振る舞ったか、そしてそれによって分析主体の人生がどのように方向付けられたかである。症状を解読するとは、現実界が露呈する地点まで前進することだ。しかし、誰でもがそれに向かい合う用意があるわけではない。

分析を開始することは真の行為である

分析を始めるにはある種の勇気がいる。まず自らの言表行為[十二六]の諸帰結を直視する勇気、話すことについての責任を受け入れる勇気である。

これは確かに分析主体と被害者を区別する最初の特徴である。ところで、社会は被害者という立場を引き受けるように提案してくるのだが、その立場を捨てるのに同意することはときに困難を覚えさせる。こうした出来合いの同一化[十二七]を手放すのは、諸個人を、各自が受けた出来事に従って、もしくは各自の症状に従って分類する現在の傾向に逆らうことになるのだ。それでは主体は、全てが人々の期待通りの姿になるように構成されているときに、いかにして自らの苦しみを軽減させることができるのだろうか。被害者としての同一化をやめ、この立場から離れることは、すでに根源的に主体的態度を変える行為である。それは、外傷の衝撃が激しいというだけで障害が引き起こされるわけではない、という仮説を意味する。すなわち主体の関与がそこでは必要であり、主体の関与が謎を生むのだ。謎というものは分析を開始するための最低限の条件である。すなわち、苦しむだけでは十分でなく、さらには原因についての仮説、無意識という仮説が必要なのだ。この点においては症状は分析主体が分析家にもたらす謎であり、分析家はそれを解読し、症状の補完者となることを期待されている。苦しみの原因は無意識にあると考えることは外傷的出来事から離れる第一歩であり、分析主体の側の最初の解釈である。この謎は治療の作業に必要な糸口である。しばしば分析の初期において苦しみの緩和がもたらされるのは、あの転移という新しい支えだけではなく、自由連想によって生じる意味のおかげでもある。意味は分析主体のパロールの紆余曲折に潜り込むことによってトラウマの固着性を解消し、トラウマを生活史の中に統合させることを可能にするのである。だが分析はそれだけではない。

ひとつの分析は二本の糸で編み上げられる。分析主体が分析家に語ることによって自然に展開される意味の糸、そして分析主体が決まって突き当たる、もっとも特異的で不透明な自らのジュイッサンスへと達する、意味をはずれたものの糸である。意味の要請は転移を支持し、作業に息吹を与え、作業の遂行を可能にする。しかし、分析家にとって問題となるのは、意味の要請を正面から否定することなく、この意味への呼びかけを両義性によって抑制することによってこの二本の糸を残しておくことである。この両義性は、それによる当惑が通り過ぎたあとには、当然ながら新しい意味を生み出し、その意味は再び自由連想を推し進める。だが両義性はもうひとつの力を持っている。シニフィアンを孤立させ[†28]、一時的に主体から知を取りあげ、自らのジュイッサンスに一人きりで直面させるのである。分析が進展するにはこうした対価を払わなければならない。解釈は意味の惰性を妨げ、快原理を阻むのである。

分析家の解釈はまず主体に自らが話していることを聞き取らせ、そこから諸帰結を引き出させる。最初のセッションから、たんにひとつの言表を強調するだけで、分析家はそのことを分析主体に教え、分析主体が自分自身の言うことを聞くように教える。セッションの打ち切りだけでも[†29]、それ故、ひとつの重要な言表を浮き立たせることで解釈となりうる。ラカンが固定時間制のセッションをやめたのはこうした理由からだった。すなわち、解釈に定型はなく、それゆえ、セッション時間にも決まりはないのだ。そこでは、スカンシオン[†30]だけでひとつのシニフィアンを主体の言表行為と共振させ、主体の不意をつくことができるのである。切断（coupure）はひとつのことば、音、一片のフレーズを際だたせ、それらは孤立させられることによって今度はそれ自身が謎めいたものとなる。そこから得られた結果は新しい意味の到来というより意味の中断であり、それは分析主体に意味の追求を続けるように推し進め、ついには意味を操り出し尽くして枯渇させるのだ。分析家の行為は諸々の基本的シニフィアン、すなわち主体を縛りつけていた諸々のシニフィアンを浮かび上がらせるために意味を縮減させることである。この作業は諸々の同一化を明らかにし、それらの拘束をゆるめ、生活体験の苦しさを緩和させる。それは傷つけた言葉や出来事の致死的な意味を弱める。そのときにやっと、主体は分析が近づけさせてくれた自分のもっとも内密なジュイッサンスと和解することができる。

精神分析と被害者学は、外傷を扱うために心的生活への侵害というこの同じ概念から出発するが、結局すぐに離別する。被害者学は法的、財政的補償のために作業する。精神分析は、象徴界の穴は構造的なものなので、補償できないということを知っている。分析はこの穴を前にして特異的な創造に呼びかける。このことは主体がどのように構築されていても有効である。

われわれの実践は時計の時間ではなく、論理的時間[十二]のうえで遂行される。時代は早さを要求するが、精神分析は時間を必要とする。それは各自に必要な時間である。しかしながら、しばしば予備面接のときからすでに苦痛の緩和が訪れる。それは単に患者がそれまでとはまったく違った形で聞き取られるからである。だからこそ、現代のめまぐるしい世界においても、彼らは分析セッションという、時間を超越した空っぽの場所（vacuole）を守っていこうとするのだ。世界は一瞬のあいだ止まり、別の時間が生起する。ひとつの休止《ポーズ》が世界の喧噪を逃れて存在することが可能となる。何も約束せず、判断せず、忠告せず、要請しない一人の〈他者〉に向けて、彼らがもっとも内密なものを語りにくる唯一の場所に、その休止が見出されるのである。

本書に語られている物語は、一見しただけでは見えなくとも、全てこの外傷の穴を垣間見させてくれる。それでも、これらの物語は「例外的な」話でもある。それは、そこで起こる出来事がいかなるものであろうと、他のものに似ているような話はただのひとつもないからである。いずれのケースにおいても、これらの主体は、ある日出会った恐怖から、精神分析によってこそ逃れられるようになったのであろう。これらの物語の唯一の共通点はそこにある。

〈原註〉

＊1　ラカン『精神分析の四基本概念』セミネールXI、一六四頁。

＊2　IES尺度（Échelle IES）、すなわち「出来事インパクト尺度 Impact of Event Scale」オロウィッ尺度（échelle d'Horowitz）とも言う。

＊3　フロイト「快原理の彼岸」『フロイト全集』第一七巻、六一頁。

＊4　ラカン前出『精神分析の四基本概念』六八頁。

＊5　前出「快原理の彼岸」六一頁。

＊6　Lacan J., Le Séminaire, livre XXI,《Les non-dupes errent》[1973-1974], leçon du 19 février, 1974, inédit.

＊7　フロイト「フリースへの手紙　一三九番　一八九七年九月二一日付」『フロイト　一八八七―一九〇四　フリースへの手紙』誠信書房、二〇〇一年、二七四―二七七頁。

＊8　フロイト「心理学草案」『フロイト全集』第三巻、六四―六七頁。

＊9　前出「快原理の彼岸」六〇頁。

＊10　同、六二―六八頁。

＊11　同、五三―一二五頁。特に、七四頁。

〈訳註〉

†一　主体というのは精神分析において非常に重要な概念であるとともにまたかなり曖昧な使用がなされる用語である。分析患者または被分析者を主体や分析主体と呼ぶことがあるが、これは一般的に分析を受けている人を指す。精神分析本来の意味での主体とは存在欠如とも言われる。つまり自らの存在、名前を持たないものである。これは一般的に言われる主体とは全く違ったものとして考えなければならない。通常主体的とは能動的という意味で使われるが、ラカン的主体とは能動的なものでも意志をもったものでもない。逆に主体とは受動的だとさえ言える。人間が言語の世界に入ると言語化され言語的存在となる。例えば私は日本人だとか学生だ、男だ女だとか、これこれの名前を持ったものである、など。しかし生まれてきた人間は言語とは違う次元にあるので、その人がどのように呼ばれようと、言語では表現できない部分があるはずだ。これを存在欠如もしくは主体と呼ぶ。この意味で主体とは空集合ϕだとも言える。ちなみに、集合論では空集合はあらゆる集合に含まれる部分集合（ϕ）である。

†二　巻末の用語解説「症状」を参照のこと。

†三　ラカンは分析家 analyst に対して、患者を analysant と名付けた。後者は「分析作業を行なう者」という意味であり、通常は「分析主体」と訳される。
†四　用語解説「解釈」を参照。
†五　用語解説「転移」を参照。
†六　用語解説「想像界、象徴界、現実界」を参照。
†七　用語解説「シニフィアン」を参照。
†八　原語は manque。主体は自分自身の存在を支えるために鏡像やシニフィアンの体系に依拠せざるを得ないが、それらは本質的に欠陥や不完全性を含んでいる。そのために主体が引き受けている構造的な条件のこと。用語解説「欲求、要請、欲望」を参照。
†九　用語解説「去勢」を参照。
†一〇　用語解説「ファンタスム」を参照。
†一一　あり合わせの材料を用いて何かを作り上げること。クロード・レヴィ＝ストロースに由来する言葉。
†一二　原語は trou。言葉では捕らえることのできない欠落部分のこと。
†一三　原語は béance。言葉の中に突然現れる不連続のことであり、そこから無意識が出現する。
†一四　trou（穴）と traumatisme（外傷）とを合わせた表現。外傷とは主体がそれまでの知では対処できない出来事であり、したがって知における穴としてやってくることを示す。
†一五　用語解説「〈他者〉」を参照。
†一六　用語解説「疾病分類」を参照。
†一七　用語解説「事後的効果」を参照。
†一八　外傷によって喪失されたものが繰り返し回帰することによって、主体がそれを精神的に受け入れようとする作業。
†一九　用語解説「快原理」を参照。
†二〇　原語は reste。主体がシニフィアンによる象徴化を行なうと、シニフィアンに回収されない部分が現実的な領域に取り残されること。用語解説「対象 a」を参照。
†二一　リビドー的欲動は通常は「生（vie）の欲動」と呼ばれる。「欲動」とは、主体の対象に対する関係と満足の仕方を説明するための概念であり、フロイトは「生」と「死」に関わる二つの欲動を区別した。このうち前者は、個体と種の存続を可能にする欲動のこと。後者は個体や種の存続を脅かすか、ないしは対象の破壊に関わる欲動のこと。フロイトは、後者が精神分

析の理論的な基盤だと考えるに至った。用語解説「欲動」を参照。

†二二　用語解説「ジュイッサンス」を参照。

†二三　欲動の性的な目的を制止し、それを非性的な目標に向けて満足を得ること。

†二四　用語解説「〈もの〉」を参照。

†二五　主体が危険な欲動を避けようとする操作のこと。

†二六　用語解説「言表と言表行為」を参照。

†二七　用語解説「同一化」を参照。

†二八　原語は isoler。患者のパロールのシニフィアン連鎖から、ひとつのシニフィアンを切り出すこと。そのことで意味が切断され、シニフィアンそのものが浮き立たせられる。

†二九　ラカン派的セッションにおいては変動時間性が取られ、分析家の判断によって終了の時間が変化する。用語解説「打ち切り」を参照。

†三〇　分析中に、主体の語っている特定のひと言を指摘し、区切りをつけること。それによってリズムが生まれ、主体が自分の言葉の隠れた意味に気付くことができるようになる。

†三一　分析作業において主体が関わる時間性のこと。推論が進められるための与件である「注視の時」、判断のために推論を行なう「理解の時間」、判断を行なう「結論の時」という三つの時間から構成される。

I

幼児期の侵害

　幼年期に被った性的暴力を打ち明けに分析家の相談室を訪れる者は多い。喉元に出かかっていても、ずっと息苦しくて話せなかった、そうした性暴力にまつわる言葉を、分析家との最初の出会いから吐露する者もいる。ほっとして、焼けつくような痛みが和らぐのだ。その者達は、そうやって自身の症状について、そして外傷的な出来事が症状の原因となっているとする仮説について語ることができる。時にはその外傷と、大人になってからの自分達の人生における諸困難とを関係づけることもある。

　他方で、まずはもっともつらい点を少しずつ浮き立たせておきながらも、しばらくのあいだはそれについて再び沈黙するという形で自らの苦痛の謎にふれる者もいる。その者達は、この恥ずかしくて非常識なことを告白するのに何ヶ月、いや何年も費やすことになる。全ての者が、出来事が生じた瞬間における自らの理解の欠如と、自らの沈黙に驚愕することになるであろう。思い浮かべることのできない何かについて、どうやって語ればよいのだろうか。非常に多くの場合、子供達が自らの被った災厄について打ち明けることができないのは、まさにこうした事象なのである。子供達の不幸に周囲の者が誰も気づかないならば、幼い者たちは沈黙のままに留まるしかないであろう。彼（女）らは成人になってはじめて自分の症状に気づき、そして疑問視するのである。こうした者達は、消去不能なある印を背負っている。それは、彼らがまだ出来事に対処する何の手段も持っていなかったときに、彼らを稲妻のように襲った傷の印である。この共通した特徴のほかには、いかなる予測もできない。分析家は統計学を行なうのではない。こうした恐ろしい出来事の影響を数値化（chiffrer）するのではなく、むしろそれを解読（déchiffrer）する用意があるのだ。フロイトの勧告に従うなら、分析家は前例によって獲得された知を忘れ去って、新しいもの、特異的なものを受け入れる。傷は癒えるだろうなどと前もって誰も言えるものではない。精神分析家は約束などしない。傷の後遺症があまりに深いと、時にはその苦痛を緩和する以外に何もできない場合もある。

　筆者は、それぞれの特異性を超えて連続性を示す諸事例の中からニーナ、次いでマドレーヌの治療を選び出した。初めに提示するニーナは、外傷的な出来事の周りに錯綜した心の糸を繰り広げていた。ニーナは、そこからひとつの物語を構成して意味を手繰り、そして解放される。後半のマドレーヌは、それとはまた違った道を辿ることを余儀なくされた。けれども、それによって彼女が自分の思い通りにならなかったファンタスムとはまた別の手段で、その裂傷を覆い隠すことができた。マドレーヌにとって、現実界をあまりに露出させることは危険だったであろう。

分析家は自分の患者が辿る道において多大な責任を負っている。分析家にとって予備面接とは、以下のことに利用される。すなわち、心的構造における分析家自身の位置を定めること、単なる愁訴を越えて、来たるべき分析主体の症状やその機能の輪郭を描くこと、患者の支持点のみならず防衛をも確認すること、脆弱な領域を評価すること、現れてくる最初の主要なシニフィアンを捉えて、それを共振させること、などである。これら全ての要素によって、分析家は適切なやり方で治療の方針を方向付けることが可能となるだろう。分析家が分析主体を受け入れるときには何らアプリオリな予断はないとしても、また、もっとも特異な相手を受け入れる用意が整っていたとしても、分析家というのはやはり、確実な概念的手段と自身の分析を通じて得られたものによって導かれる。分析家はいかなる前提からも出発せず、いかなる予測もしない。そこが間違いなく分析実践と他のあらゆる心理療法的実践とが最も厳密な意味で区別される点である。それぞれの分析は固有のものであり、それゆえに前代未聞のものなのである。

ニーナの秘密

あらゆる予想に反して、ニーナは母親となった。彼女はそのことで動揺して不安に襲われ、自分の幸せに戸惑った。数年前、ニーナは最初の分析家のもとを訪れ、自分の少女時代を印づけた外傷的な出来事を打ち明けていた。ニーナは、この最初の告白によって楽にはなっていたが、ここ数年の何度かの出産を経て、自分が幼年時代の暗い年月から抜け出していないように感じたのだ。ニーナは八歳のときから、家族と同居していた叔父から近親姦的な性的虐待を受けていた。叔父は毎晩のようにニーナを自分の部屋に閉じこめると、彼女の服を脱がせて裸にして触っていたのだった。その行為は、ニーナが十二歳になって、とうとう相手にいやだと言うまで続いた。この若い乱暴な叔父から、「もしもしゃべったらただじゃおかないぞ」と脅かされて、彼女はそのときまで沈黙を保っていた。けれども、ニーナが沈黙する本当の理由は恐怖ではなかった。つまり、「それを言うべき言葉がなかった」のだ。考えられないことを語る言葉はない。ニーナは、叔父のあのような行為は禁止されていることをよくわかっていた。彼女は自分自身を汚らしいと感じ、そのことに対して恥や嫌悪感、恐怖を感じていた。けれども、そのことについて話そうという考えは、ニーナには思いつきもしなかった。それは単純に、言い表わすことのできないものであったのだ。それでも、大人達が彼女の秘密を見抜いて自分のことを守ってくれたらよかったのに、と強く願っていたのである。分析はまずもって、ニーナがこの恐怖を語るうえで役立った。

いまではニーナは、こうした出来事の整理がまだついていないことに気づいている。というのも、彼女が母親になってから、このことが新たな様相を呈してきたからだ。

40歳に近づくにつれ、ニーナは自分の愛情関係を安定したものにして、子供をもうけようと決意した。そう決めたのは突然のことであった。それまでニーナは常に既婚者の愛人になっていて、彼女もそれに満足していた。子供を持ちたいという欲望は、彼女にはほとんど縁のないものであった。ニーナは単純に、それは自分には関係のないことだと思っていたのだ。女友達の大部分が母親となって家族や子供に繋がれてしまうと、もう彼女の興味を惹かなくなっていた。ニーナはむしろ「自由な女性」を敬愛していた。彼女は自分が縛られない関係を生きることによって、この同一化的特徴を擁護していた。ニーナはつまり、いつも「愛人」であった。不倫という状況は、危険を孕んで情熱を高めてくれるものと考えていた。ニーナはこの種の危険が好きで、「こっそりと」隠れてやることを好んだ。

数年前までは考えられなかったことだが、ニーナにとって子供達の誕生が、自由への理想を一掃した。それと同時に、それまで彼女が感じていた死の不安を消し去って、結局のところ彼女を変貌させたのだった。彼女は出産を大混乱だと感じて、それを話すときには感情を抑えきれなかった。そして自分はどうして、この幸せを拠り所とすることをこれほど引き延ばしてまで待ち望んでいたのだろうと自問した。その幸せは激しくて、何か苦痛を伴うものですらあった。生命を与えたという観念に驚嘆して、ニーナは今では子供がたくさん欲しい、それによって「満たされたい」と願った。彼女の幸せの唯一の汚点は、今度の結婚では不本意ながらも、飲んだくれの男の妻となったことであった。ニーナはこの男を愛していた。ただ、夫の「フロラン（Florent）」という名前は、奇妙なことに近親姦的関係にあった叔父の名前「ロラン（Laurent）」と同じ発音の響きを持っていた。「フロラン」の中に「ロラン」が含まれてすらいる事実にニーナは動揺し始めていた。こうした彼女の二つの特徴が、分析における最初の問いであった。

ニーナは、自分の愛情生活を条件づけてきた現実的なものに再び捕らえられていたのだ。

意味の探求

長いあいだ、ニーナは両親から愛されていないと感じており——それは自分の子供達が生まれるまでであるが——母親からあまり長く離れていることに耐えられず、母の愛情を求めていた。よくあることだが、ニーナの見解は出産とともに変化した。出産を経験して以来、母親への要求も、触れることのできる現実的な事実というよりも、ひとつの不透明な謎に起因していることを認めるようになった。そうすることで、ニーナは物事を別の見方で考えられるようになった。今では、なぜ彼女がそれほどまで母親からの愛情を望み、時にそれが自分にとって抗しがたい力を振るうほどになっていたのかを自問するまでになった。彼女が考えるには、それはおそらく母親の弟で贔屓《ひいき》されていたあの乱暴な叔父が原因であった。ニーナは少女時代の出来事について、母親のせいだと非難した。母親は何も気がつかないままに、それを黙認していたのだ。なぜなら母親は、自分の大好きな弟のやることは何でも許していたからだ。ニーナはそのことに反発するようになった。自由な女性という彼女の理想は、この反発から活力を得ていた。いまでは彼女は、あの当時、部屋のドアの内側で起こっていた恐ろしいことについて、母親はずっと疑念を抱いていながら、敢えて何も知ろうとしなかったのではないか、という仮説を立てていた。ニーナは意味を探し求めていた。彼女は受け入れられないことを理解して、考えられないことへの理由を見出し、自分の恐ろしい少女時代に体験してきた絶対的な孤独感に意味を与える必要があった。彼女は、あの時期に起こった物事の糸をうまく手繰るために、それ以前にあった話を使っていくつかの仮説を組み立てていった。

分析によって、ニーナは八歳以前の子供時代について何も覚えていないということがわかってきた。あるのはただ二つの記憶だけであった。それらは、父親のポケットに変な物を見つけて怒り狂った母親のイメージと、妹に壊されたニーナの人形のイメージであった。この二つは、単純でありながらも苦痛を引き起こす記憶であった。彼女の記憶はそこで止まっていた。幼年時代のニーナが、にこにこと笑顔で可愛く写った写真はたくさん残っていたが、それにまつわる思い出や情景は何ら結びつかなかった。それ以後の写真になると、彼女は暗い顔をして写っていた。それは彼女が自分は暗くて醜いと感じていた時期である。ニーナはその時期のことは完璧に覚えていた。

全ての記憶は、したがってそこから始まっていた。残りの他の記憶をそのために消し去ってしまった、と彼女が語った性的いたずらによる悲しみからである。彼女はいつも自分の記憶に欠損があると訴え、それが彼女の症状なり謎なりを作り出していた。「私は以前、どうやって生きていたのだろうか」と、彼女はしばしば自問した。ニーナは幼年時代という場を奪われたと感じていた。幼年時代の痕跡はどこにもなかった。あるのは、他と何らつながりのない二つの些細な事柄だけであった。まるで性的外傷に出会う前、自分は何も存在していなかったかのようであった。ニーナの物語は、まさにそこから始まったのである。

ファンタスムの構築

叔父の性的いたずらを受けてきても、ニーナは思春期になって友情や初めての恋愛を経験することができた。彼女を閉じこめたあの沈黙は、性的好奇心まで取り上げてしまうことはなかった。ニーナはしかも、他の女友達よりも大胆になった。それでも自分に課した限度を超えることはなかったし、それを決して破ることもなかった。われわれはそこに、自分ではどうにもできなかった侵害にもかかわらず、ニーナが自らを護るためのしっかりとした象徴的手段を持っていた指標を認めることができる。現実的なものは明確に縁取りされていた。〈他者〉も、彼女の同意抜きにはそこに手をつけることができなかった。そうなったのも、ニーナが叔父に対して「いやだ」と、きっぱりと拒絶を伝えることができたからである。それまでの四年間、彼女はまったく脆弱な状態にあった。この時期の終わり、それは第六学年[†一]の頃にさかのぼるが、ニーナにはさらにもうひとつ鮮明に残っている残酷な記憶があった。学校の男子グループに追いかけられて、彼女は校内トイレに閉じこもった。いじめっ子達は、トイレの仕切りをよじ登ってまで押し入り、彼女の服を脱がせたのだった。ひどく恐ろしい屈辱であった。この光景は、彼女が叔父から繰り返し被った近親姦的な虐待の再現であった。すなわち、彼女の身体はどちらも同じように〈他者〉のジュイッサンスに服従させられたのだ。〈他者〉のまなざしのもと、裸にされて何ら抵抗もできずに打ちのめされて身動きが取れなかった。このときもまた、ニーナは自分が誰にも語れなかったことに驚いていた。沈黙は恥のせいだと理由づけたが、それだけではなかった。ある日、ニーナは私に次のように語った。「それはまるで、男の子はそんなものだ、私が男の子を惹きつけるのも当然なのだと考えていたかのようです。私は獲物だったのです」。

　治療におけるこの転回点は、意味の外にあった外傷的出来事をめぐって分析主体の奇妙な構築をさらけ出した。ニーナは外傷的出来事に対処すべく、そこからひとつの理論を導き出していた。すなわち、「自分は男の子を惹きつける女性」であったのだ。後年になって、実際ニーナは男性を惹きつける女となった。ニーナは成人すると、既婚男性の餌食となることを——それを決めるのは自分であるという唯一の条件のもとで、と彼女は強調するが——受け入れた。ニーナは誘惑することを好んだ。自ら餌食となりながらも、最終的には相手を自分の網の中に捕らえて立場を逆転させることにあった。彼女は「男の欲情を煽《あお》ること」を好んでいた。「私は人生の伴侶というより、一夜限りの女だったのよ」と、ニーナは面白がって語った。

　少女時代に経験した性的虐待がニーナの存在を方向づけたとしても、そのことが成熟した性生活を送ることを妨げなかったということに彼女は驚いていた。それが彼女にとって真の謎であった。つまりは、一体どうして、あのような苦しみや屈辱、恐怖が自分の人生を破壊しなかったのだろうか。自分がそれほどの損害を被らずに、あの地獄から抜け出す力を得ていたのは、どのような秘密があるのだろうと、この若い女性は自問していた。ニーナは自分の中に、本人もどこに起源を発しているのかがわからない深いエネルギーを感じていた。ニーナには常に不安がつきまとっていた。それにもかかわらず、そのエネルギーがニーナの家族生活、仕事、余暇のほか、彼女が手がける全てのことを導いてくれた。「あんなことが起きては、自分は打ちのめされるはずなのに、一体このエネルギーはどこから湧きでてくるのかしら?」と、彼女は自問していた。

ニーナは分析のおかげで、〈他者〉の対象という立場に留まることをなぜ回避できたのかについての手がかりが得られた。彼女が発見したのは、幼年時代の彼女をかくも悲しませ、自分をひどく醜いと思わせた外傷を認めるだけでは不十分であった、ということだ。ニーナは、考えられないことを「私は男の子を惹きつける」という、ひとつの公式に変えていた。こうして、彼女にはひとつの意味が与えられたのである。その結果、外傷はもはや意味の外にある現実的なものではなくなる。外傷は想像的なものと象徴的なものによって飾られた手の届くものとなり、取り扱うことができるようになった。つまり、ニーナは外傷を、治療の中で言い表わすことのできるファンタスムにしたのだ。彼女にとって「餌食であること」は、愛の条件へと変化したのである。分析によって、ニーナが仕事上でさえ困難な作業や最大の労苦を要する作業を好むことも、やはり彼女のファンタスムの中にひとつのシニフィアンによって印づけられていたことが明らかとなった。ニーナは職業的に成功するたびに、それを「ひとつの征服」とみなし、そこから本物のジュイッサンスを実感していたのだった。

ニーナは、自らを活気に満ちて挑戦的で自信にあふれさせて、なおかつ〈他者〉のジュイッサンスに従属することを回避していた。そのような戦略にもかかわらず、この女性は愛と性とを根源的に分離しなければならなかった。それは強迫神経症者のように、一人の相手に対して性的欲望と愛とを両立させられないという理由からではなく、単純に彼女が自分のことを愛されるに値しないと感じていたからである。ニーナには、シミや汚れというあの消去不能の印が押され、それに押しつぶされていた。ニーナは自らのもっとも深いところでは、自分は愛されるにふさわしくないと考えていた。けれども不可解な理由から、それでも男性達からは欲望されるのであった。彼女の戦略とは、セックスという男の弱点につけいること、そのあとで愛されることを期待しながら男を惹きつけることであった。というのも、彼女にとって最も大切なのは最終的には愛であったからである。愛と性とは決して一致しえなかった。ニーナの子供達の父親になる人として、今回は自分を愛してくれる男を見つけ出した。だが、彼女は今度の夫からほとんど欲望されなかった。夫はまた他の男達と違った特徴があって、貴重な存在となっていた。それはつまり、他の女性には目もくれない唯一の男性であったのだ。その代わり夫には、〔酒の〕ボトルという、さらに強力なニーナのライバルがいた。ボトルこそ、この男の真のパートナーだった。反復はここまで入り込んでいた。ニーナの状況は、単に反転しただけであった。彼女はそれまで自由な女性という理想を持っていたにもかかわらず、今度は〈他者〉に従属した裏切られた女性という立場に置かれたのだった。ニーナは結婚生活のなかで、それまで容認しがたく思えていたことを受け入れていった。屈辱と沈黙は、彼女のジュイッサンスの印であった。そして、その傍らで、ニーナは反抗し、怒り、かつ要求した。これらの二つの態度は、同じ立場を単に表と裏からみているにすぎなかった。さらに反復して現れる夢は、ニーナにとって彼女がまだ完全には〈他者〉の支配から逃れていないことを示していた。反復夢のひとつは、次のように範例的であった。「嫌悪感を催すものが自分にまとわりついて、私はそれをどうしても剥がすことができない。窓から投げ捨てても、また自分のところに戻ってくる。ゴミ箱に捨てたり洗面所で排出したり洗濯機の中に入れたりしても、いつも戻ってくる。そのうちに不安で目が覚めるのです」。

最初の連想の連鎖は、彼女の肉体にしつこくつきまとってきた叔父の暴力的な侵入に関するものであった。しかしながら、自分の無意識的な産出物を引き受けてきた真の分析主体として、ニーナはその連想だけでは満足しなかった。彼女が強い嫌悪感を催してきた忌まわしいものの背後に認めたのは彼女自身、とりわけ自分自身のうちにある恐怖、シミであった。夢の中の洗濯機の出現は、ニーナがいくら綺麗に洗い落とそうとしても落ちないこと、それはまるでマクベス夫人についた消去不能な血痕[十二]のように常に立ち戻って来ることを示していた。ニーナのもつ媚態や誘惑も、そこでは何の役にも立たなかった。ニーナは、叔父との近親姦的関係によって汚された、醜くて不潔な子供のままであったのだ。その汚れの彼方に、それまで近寄れもせず言い表わし難かったものがもうひとつあった。それは性という現実的なものへの恐怖、残酷なジュイッサンスの恐怖であった。ジュイッサンスは、すでに見てきたように多くの場合が苦痛であり、快原理の及ぶところではない。それ以後、分析の中でニーナが直面してきたのがジュイッサンスであった。名付けられないものが夢の中で現れて彼女を目覚めさせ、自分の無意識の真理への道を追求することを余儀なくさせたのだ。

名付けられない現実界

ニーナは少女時代に被ったことにおいて、主体的責任の一部を早期に引き受けていた。それは、彼女がうつ状態に陥りながらも、何ゆえそれほど長期に渡ってなすがままにされていたのかと自問したときに暗に示してきたことであった。「どうして私は叔父にいやだと言えるまでに何年も費やしたのだろう？」。ニーナはこのとき、この言い表わしがたいジュイッサンスに触れていたのだ。ただ彼女はジュイッサンスについての理解がなく、恥や醜さ、汚れという形をとった痕跡のみがあった。ニーナは、沈黙に関する自らの責任のおかげで、自らが作り出した謎を通して、単なる出来事についての語り——その語りは、数年前には彼女の気持ちを楽にしてくれたのだが——を越えて、分析に着手することができた。「私は口を閉ざし、されるがままだったのです」。そう語ることは、すでに被害者的な立場とは一線を画していた。ニーナは沈黙することを選択していた者、理解していなかった、それに敢えて何もしなかった者であった。彼女は今や、そうしてきたことを悔やむ者となった。

　叔父のひどい性的いたずらと、学校の男子生徒達による屈辱から、ニーナは自らのファンタスムの糧となる唯一の解釈を作り出していた。つまり、「私は男の子を惹きつける女」である。分析の場でそれを表現することにより、彼女は幻惑されて重い対価を支払ってきた理論に宙づりになったままでそこに留まることをやめるよう促された。ファンタスムは、名付けられない現実界から彼女が身を護るスクリーンにすぎなかった。

　ニーナはそれ以後、彼女のことを何よりもうまく言い表わしてきたこの公式の中に、自分にとっての女性性の謎が宿っていることを発見した。「なぜ私は男の子を惹きつけてきたのか？　女とはなんだろう？」。これはもちろん、常に彼女の理解を越えた問いであった。この問いの不透明さにもかかわらず、ニーナはそれを何かに利用した。すなわち、ニーナは「獲物」の立場を全て引き受けながらも被害者の立場には留まらず、救いとなる距離を保つことができたのだ。彼女は「獲物」であることにジュイッサンスを見出した。しかしこのジュイッサンスは、もはや彼女の手に負えないものではなかった。彼女はそれを手なずけて支配できる（maîtriser）までに達していた。ニーナは「愛人（女主人 maîtresse）[十三]」となったのだ。

　彼女はまた、自分の愛情に関する選択は、父親が常に母親を裏切ってきた事実と無関係ではないという仮説を立てていた。父親にはいつも愛人がいて、ニーナはずっとそれを知っていた。彼女は自らの幻滅の背後に、エディプス的な愛のもつれを発見した。というのも、父親はかなり早期から彼女を幻滅させていたからだ。ニーナはどうにかして父親の関心やまなざしを強く惹き、父親のお気に入りになろうとした。けれども父親は娘に見向きもせず、子供のことには構わずに心がよそに行っていた。ニーナは母親が彼女に予言していた次の言葉を思い出した。「男なんて、いつも幻滅するだけよ」。母親の予言は、叔父から受けた傷をこうして倍加させるのだった。この若い女性は最初から、男など信頼に値せず幻滅させるだけだということを知っていた。愛情とは別に、ニーナは男性に対して、ずっと軽蔑の混じった憎悪を感じていたことをさらけ出した。とどのつまり、男とは愚かで弱く、自らの性の奴隷なのだ。けれどもニーナは、そのことを受け入れたことでより一層、自分を弱く感じた。

子供の父親となる男に対して、ニーナは裏切られた女となった。夫は酒に溺れて夜も帰ってこず、彼女は捨てられたように感じていた。それがこの男の真のジュイッサンスであることはわかっていた。彼女にはどうしようもできなかった。それが大きな傷となって、ニーナはそこから抜け出そうと決意した。

問題は夫と別れることよりも、彼を救えるのは自分しかいないという考えをニーナが捨て去ることであった。夫のアルコール中毒は、彼女が〈他〉の女[十四]、「愛人」、つまり父親の欲望の想定的対象への同一化を捨てると同時に、彼女の大義名分ではなくなった。彼女の夢は、パートナーの症状という暗礁に乗り上げて崩れ去った。ニーナは、自分を惹きつけたのはまさに彼の弱点である、あの破断であることに気づいたのだ。彼がアルコール依存症で、ニーナが探し求めているものを決して与えてはくれないということは初めからわかっていたのだ。それでもなぜ、彼女はこの冒険に身を投じたのであろうか。

「フロランは私を傷つけた……いえ、そうじゃなくて」と言ってニーナは再び口ごもった。「あなたはこうおっしゃいましたね、ロランがあなたを傷つけたのだと」。――分析家はすかさず応答した。「はい、私は全てを混同しています。でもあれはもう、ずっと昔のことで……叔父のロランは私にひどいことをしました。でもその後、自分に対して良いことができなかったのはこの私自身なのです……。あんなことが起きたとき、叔父が私にした悪事がどのようなものだかわかりませんでした。ただその帰結だけが理解できるのです」。

外傷とは、そのようなものだ。事後的に、ただその帰結を通してしか評価できない。

ニーナがもう過ぎ去った過去だと見なしていたものが、一人の男性との出会いの中で再活性化された。その男は、それまでの相手とは根本的に違っていたが、男のフロランという名前には恐ろしい叔父の印が宿っていたのである。

その男性もまた、ニーナと同じように弱くて無垢な存在であった。そして夫婦二人とも自分達の知らないところで罪を背負っていた。

ただこれは決定的な一歩であった。ニーナは熱情的な物語に終わりを告げたのだ。ここにきて彼女は致死的な桎梏から逃れ、新しい人生を共有できる伴侶を望んでいた。

彼女は以来、とりわけ仕事上で「わくわくするような欲望で満たされている」と感じていた。ニーナは学びたく、知りたかった。誘惑するのでも「男を追い求める女」としてでもなく――なぜなら、もはやそのような女はいないのだから――他人に接するようになってから、ニーナには新しい世界が開けてきた。分析が欲望を解放することによって、無意識の知とは違った分野にも影響することはよくある。ニーナが新たに感じた学ぶことへの渇望が、自らの秘密をかくも長きにわたって閉じこめてきた制止から抜け出させてくれた。この若い女性は発言して自分の意見を言うことができた――このような情況は以前では考えられなかったことだ。それでも不安は常に残っており、彼女の分析治療の継続を支えていた。ひとつの痕跡としては、ドアを閉めることに対する恐怖症の形で残されていた。ニーナは家の中で、いつもドアを開けっ放して電気をつけたままにしていた。暗がりの中で動きが取れないと感じることを嫌っていたのだ。彼女はいつでも自由に外に出て行けると感じる必要があった。彼女の好んだ唯一の閉じた場所は、分析室であった。来る日も来る日も、彼女はそこを訪れて自らを「再構築」し、自分の欲望の真理を見出していった。

分析と知へのこの新しい嗜好が、幼年時代に体験したニーナの受動性と致死的なジュイッサンスをせき止めてくれていた。学ぶこと、発見すること、意味を越えて、外傷を越えて解読すること。これらのおかげでニーナは自らを生き生きと感じ、欲望を再活性化することができた。それは死とは反対のこと、外傷とは反対のことであった。

めまい

マドレーヌが来たのは、自分の人生に大きな混乱をもたらしたであろうトラウマについて訴えるためではなかった。彼女にはめまいがあり、もうそれが耐えられなくなり、その症状を治したいと思っていたのだ。彼女は山の険しい道を散策したり、記念碑の尖塔に登って雄大な景色を発見したり、いちばん高い教会、目もくらむような風景に感嘆したりすることを強く望んでいた。パラグライダーをやったりパラシュートで飛び降りたりしたかった。彼女は冒険やリスキーなスポーツを好んだ。彼女は分析を通じてめまいを治し、数多くの大胆なことをこなせるようになりたかった。

あらゆる先入観は避けるべきである。この何でもないような最初の症状がその根元的な構造を露わにするには時間をかけ分析を通ることが必要であったからだ。

マドレーヌはある建物のテラスで最初のめまいを起こし、身動きできなくなったことを思い出した。手すりから身を投げてしまうような危険を感じ動けなくなったのだ。それ以来、テラスやバルコニーは不安とめまいの場所になった。この若い女性は高いところから下を見ることができなかったし、同時に見ずにもいられなかった。めまいで苦しんでいる人にとっては、めまいとはそういうものなのだ。ところが、分析が少しずつ露わにしていったのはもっと特異的なことであった。不安定な自分の足取りも恐ろしかったのだが、それ以上に、一本の糸でしか支えられていないように思える建造物の脆弱さが彼女には恐ろしかったのだ。彼女は人間の手に信頼を置いていなかった。一方で、自然、山々、断崖、絶壁などではそれほど動揺しなかった。

また別の理由から、古代の大建造物には感銘を受けた。これほどの偉大さ、美しさに比べると彼女などあまりにも小さかった。彼女がそこで一面の景色を眺めるとき、果てしない風景そして果てしない宇宙の広大さにめまいを覚え、どうして自分は生きているのだろうかと自問するのだった。彼女は不安と絶望でいっぱいになった。

文字通りとられたシニフィアン

めまいは身体的な現象である。この若き女性にとってそれで失神することさえあった。高い所にいると彼女は気を失い、空中に墜ちるのではないかと恐れた。

幼年時代から、マドレーヌは様々な理由で気を失うことがあった。他人が苦しんでいるところに立ち会うこと、ある種の病気の名を耳にすること、それだけで彼女にはめまいが起こるのだ。とくに恥ずかしくなったときには彼女は卒倒してしまった。「ふさわしい場所」にいると感じられないとき、マドレーヌは「下《さ》げすまされ」「下に引き落とされ」るのだった。シニフィアンを文字通り取ることで、彼女は落ち込み動けなくなった。

気を失うことで彼女は、魂と身体は分離している、人生はひとつの幻影にすぎないという感覚を得た。そのときひとつの考えが強く浮かんできた。私達は「一つのもの」ではなく、「無数の原子が凝集したもの」である、と。その後、思春期の頃には、彼女はときおり自分の精神が身体から切り離されているという感情を持った。そのとき、自分の足はどうやって歩いているのだろうか、そしてまた、いかなる奇跡から自分の諸器官、四肢、骨、体液は一体化しているのだろうかと自問した。なんとも言いようのない不安にとらわれた。

彼女の身体は無数の原子に分解されてしまい、自分のものではなかった。身体は彼女の手をのがれ、消え失せてしまった。彼女は「無限の前でほとんど何でもないもの」から、「無以下のもの」「下に引きずりおろされるもの」になった。シニフィアンはしっかりとたっていられない身体を浸食していった。

彼女はしばしば「私はだめな人間で、無価値」と言っていた。ここでもまた、この表現を文字通りにとらなければばならない。マドレーヌは自分を大切にさせることのできない、愚弄されたり、自分の存在を忘れられたりする女性だった。彼女は、自分は消え去ったほうが良いのではないかと自問した。

この若き女性は、小さいときあまりにも両親にけなされたので、自分自身について他の意見を持つことができないのだという仮説をたてた。そして結局、彼女の人生は両親の正しさを証明したのだった。彼女は「数に入らない」のだ。ぬぐい去れない印を刻印する言葉によって屈辱をうけ、傷ついた彼女は、常に人目を引かないようにしていた。青春時代、彼女は傷つけられたと感じると何日も一人だけで過ごした。「誰も私のことを気にかけない」を体現していたのだ。「無（rien）」に関する彼女の思惑はずっと広がり続けた。「私は無だ」「私は何も（rien）できない」「私は自分を消去するかもしれないし、首を吊るかもしれない」……。自らを消し去る、気を失うなどというのは〈他者〉へのこの悲痛な関係の変化形でしかなかった。

会話の中では、めまいの最中と同じように、この若い女性は「浮遊している」感覚を覚えていた。彼女は、何も信頼できるものがなく、口を閉ざすことを選んだが、自分の沈黙に傷つき、それを後悔した。

それでも、治療の親密な雰囲気の中で、マドレーヌは語り始めた。分析が進むにつれて彼女の言葉ははっきりとよどみなくなり、正確になった。

マドレーヌは「過去によってむしばまれ」、現在を味わうことも未来に賭けることもできなかった。まだ若いのにもかかわらず、すでにやってきている後悔の時は、彼女のメランコリーの絶えざる証人のようであった。もう遅すぎるという自責の念が常に彼女を襲い、彼女の妨げとなっていた。彼女は、自分は年を取るにつれて人生を後悔の念をもって眺めることしかできないだろうと諦観していた。青春時代から、彼女は、「永遠の人生の終末」にあるという感情をもっており、未来をすでに過ぎさったもののように扱っていた。結局、めまいはこの若い女性の主体的立場を明らかにしていたのだ。彼女の人生全体がめまいを引き起こす深淵なのである。

マドレーヌは、彼女の前世代の人達の不幸の中に無限に自分を映し出す、想像的な同一化の重圧に押しつぶされていた。

彼女の母親は遠い国からやってきた人で、国を離れたことを悔やみ、重い鬱状態に陥り、常に自分自身を悪く言っていた。さらに、彼女の祖母は彼女を自分の闇の中に引き入れた。マドレーヌはこの老女の不満話を聞くことで長い日々を過ごした。彼女は、老女の唯一の聞き役となり、他の家族には背を向けられた老女のただひとつの絆になった。少女時代、そして思春期の夏のバカンスはいつも祖母の孤独と深い倦怠を埋めるために費やされた。

マドレーヌは、おまえの人生はけっして楽ではないだろうと言って自分を最初に「下の方に引きずりおろした」祖母の予言を忘れなかった。

彼女は、自分の孤独癖は祖母の陰気な家で一時一時を数えるようにして過ごしたあの時間からきているのではないかと自問した。

自宅もそれ以上に明るかったわけではなかった。マドレーヌは外に出て周囲の無気力と戦った。走り、自転車に乗り、水泳し、また走った。行動が必要だった。彼女のスポーツの達成や、冒険への嗜好、彼女が言う「極限的生活方法」への嗜好はまさにそこからきていた。行動を妨げられながら大胆、不安でありながら危険を好み、生きていることを感じるために死をかすめる、と、マドレーヌはコントラストのはっきりした若き女性だった。「下の方へと引かれ」ながら高みを好むのだ。彼女は奇異なもの、異質なもの、不幸に引き寄せられていた。

また彼女が愛情関係を結べるのは、次のような特徴を備えている男達だけだった。彼女を「下に引き降ろす」違った文化圏の絶望した男達である。彼女はそうした男の一人と別れたところだった。男は母親の死から立ち直れないでいた。マドレーヌは自分がその場所を取ったと感じていたが、母親とは張り合えなかった。この致死的な連鎖から抜け出すことを助けたのは分析であった。分析は彼女に同一化を気付かせ、次にそこから最低限離れることを可能にしたのだ。

絶望した人達はいわば自分の鏡のようなもので、彼女はその中で自分が落ち込むがままになることを恐れていた。彼女は浮浪者達に魅了された。というのも、彼女が思うには彼らの人生は一挙に逆転してしまったからだ。マドレーヌは彼らを見つめずにはいられなかった。自分も簡単に彼らの仲間になれるだろうと想像したのだ。

うまくいっている人達は彼女をさらに不安にさせた。彼らに「自分の平凡さを暴かれること」、自分が「充分な高みに達していない」ことが怖かったのだ。だから、めまいの時と同様に、常に高さの問題だった。「私の家族では、自分達より低位の人達が必要なのです」と彼女はまた言っていた。

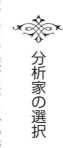

分析家の選択

マドレーヌは、自分と同じ階層の男達が近づいてくると身の危険を感じるのだった。彼女は、自分の美しさを前にすると彼らが必ず見せる誘惑的態度に我慢がならなかった。すぐに息苦しくなり、吐き気を催すのだ。「白人の男に対する吐き気」――彼女はある日私にこう言った。白人の若い女性にしては奇妙な表現だ。彼女の好む有色人種の男の前では、そのようなことは決して起きなかった。この現象の謎めいた原因について考えると、ぼんやりとした記憶が顔をのぞかせた。彼女が六歳くらいのとき、隣人の男が彼女を自分の家に呼び入れた。思い出したのは、帰りに隣人は彼女のパンツをきちんとはかせて、次のようなありきたりな言葉をかけたということだけだった。「おまえの服装が乱れているのをママが見たら喜ばないよ」。そして彼女は小さな贈り物をもらって帰った。その夜、寝ているとき、少女は間違いを犯したような気がして、毛布の中に潜り込んだ。それ以上のことは何も思い出せなかった。間違いはそこにあった。つまり、幼い頃に下劣な行為を受けたということだ。一人の男が彼女を下劣な対象の位置にまで引きずり落とした。〈もの〉へと貶められた彼女はそこから立ち直れなかった。どんな言葉も、シナリオも、象徴化も、セクシュアリティのこの消化不能な侵入に対処することはできなかった。後に残ったのは不快感を帯びたあのぼんやりとした感覚と、嫌悪感、恥辱感につながるあの「青いまなざし」であった。マドレーヌは、男に対する不信感はこのエピソードに結びついているという直感をずっと抱いていた。もっとも、そのつながりを明確にすることはできなかった。彼女の幼少時代の記憶はあまりにも少なく、それを彼女は苦しみをもたらす「ひとつの穴、空白、空のように」感じていた。

この性的外傷を治療の中心的要素として扱い、前の症例のニーナのように、その縺《もつ》れた糸がほどけるのを待つべきだったのか。分析家の選択はそうではなかった。ここでは幼年時代のあの悪しき出会いの際に、何かがまだ幼すぎる段階で外れていた。外傷的出来事は象徴界のひとつの亀裂を暴露し、そこから主体の脆さを明らかにした。今は開口部をより深くしないことが重要なのだ。分析は、曲折した道を通ってできたにちがいない構造をあきらかにして、この亀裂の輪郭を明確にさせる。この道は、罠や圧倒されるような想像的同一化によって出来あがっているが、そこにはまたいくつかの貴重な支持点もある。

治療はそのひとつになろうとしていた。この若い女性は分析の場では屈辱を受ける不安を感じることがなかったので、思い切って語った。分析家の注意深い現前は彼女のパロールを支えていた。それは幼少時代から彼女をずっと脅かしてきた匿名のまなざしとコントラストをなしていた。

マドレーヌはこの匿名のまなざしに直面しなければならなかった小学校時代の動揺を思い出した。黒板の前で質問されたある日、自分の上に突き刺すような他の生徒の目を感じ、気を失った。それ以来、小学校から大学まで彼女は常に一番最後の列に座り、見られないようにした。芝居や映画に行くとき、彼女が劇場の一番後ろに座る理由のひとつはそれであった。暗闇の中でさえ、彼女は背中に感じる観客のまなざしに耐えられなかったのだ。

被害的な感情はあまりなかった。マドレーヌは見られるよりも見るようにしてそれを処理することができた。写真という手段を選んでいるとき、彼女はレンズの後ろで見ていた。目が彼女なのだ。

この若い女性の生活を支えていたこれらの小さな発見は分析作業によって得られたもので、それぞれが彼女の精神構造を強固にする手段となった。

新しい結び目に向かって

分析はマドレーヌのぐらついた存在にひとつの方向と基盤を与えた。以後、彼女はもう気を失ったり、倒れたりしなくなった。彼女のめまいは治っていなかったが、深淵へと呼びかける力はなくなり、その主体的位置は変化した。それは現実界において「彼女を下の方に引きつける」という貶められる感情のそのままの写しであった。それは比喩ではまったくない。身体に直接接触しに行き、主体が消失したあいだ身体を崩れさせる、シニフィアンのずれ以外のものではない。今では、めまいはそのような力を持たない。

分析家は、めまいに対する防護壁の機能を果たし、この若い女性のメランコリー的態勢を変化させることを可能にした。後悔の深淵へと彼女を突き落とす運動に逆らうこの作業は、彼女自身に対する、つまり彼女が空虚に恐ろしくも引きつけられることに対するセーフティーネットであった。この空虚への魅了の中にあるジュイッサンスは間違いなく食い止めなければならない。転移は「登山家のロープのようなもの」で、彼女を掴み、引き止め、確保してくれ、そして彼女自身も他の人達のために掴むことを強く望んだものだった。彼女は何よりも山岳ガイドになりたかったのだ。それは彼女の数多くある後悔のひとつだった。今では、そのロープはシニフィアンで編まれている。

分析はこうして、彼女が失われた対象に魅了されたままにいたまさにそのとき、「下の方に引き寄せられることを」妨げたのであった。このことは、彼女のある種の作品が示している。しかし、それらの作品の詩的価値は、より生き生きとした欲望が宿っている、もうひとつの次元へと開かれていた。

ここでは、欲望の出現は全て分離され、収集すべきだった。それは簡単な作業ではなかった。なぜなら、マドレーヌは唯一「冒険」や「極限」への嗜好によってのみ、この致死的無気力や空虚への魅了に対して戦えたのだが、この嗜好は大きな危険を糧にすることを好んだからだ。致死的ジュイッサンスの至上命令は強大であった。めまいを訴えながら、パラシュートでジャンプしようとするなどのことからもそれを推し量ることができよう。

今となっては、マドレーヌが試みるのは分析のジャンプである。分析家にめまいから解放されることを要請することで、彼女は落下することに対する思いがけない防護策を見出した。

彼女の羞恥心と、自己卑下が、めまいの原因であった。倒れて意識を失うに任せるまでに自らを卑下したものと感じることは、成立し得なかった隠喩の代わりに、いかにシニフィアンの短絡が身体の現実的なものの中に入り込むのかを示している。身体的現象の事後性の中で、めまいはこの若い女性にとって、自分の下劣さについてのあの悲惨な経験に与えられた意味となった。しかしこの意味は何の鎮静作用ももたらさなかった。なぜならこの意味は、主体の存在を永遠の動揺の中に固着させ、主体の存在の全てをこの意味とともに運び去ってしまったからだ。すなわち、羞恥心は失神を引き起こすめまいを生み出し、めまい自体、いったん収まった後、自分がぐらついて倒れたことで再び恥の原因となったのだ。
それとは反対にスポーツにおける達成、とくに山に登ることは彼女を「高みに引き上げ」、高揚させ、それによって部分的に彼女の誇りを回復させた。しかしながら、彼女が深淵に目を向けるようにさせないなら、また、彼女を「全て」か「無」かにすることができないなら、いかなる達成も価値のないものであった。舞台からほうり出される危険はどちらの側にもあった。めまいの危険を冒すような状況によってめまいを処理することは非常に不安定な解決法であった。

分析は、「めまい／下に引かれる」、「貶められる／失神する」、というシニフィアンのペアを切り離すことで耐え難い換喩的横滑りを止め、致死的な意味を解体した。これら全ての要素は孤立化され、分割され自らの力を弱めてしまった。このように分離されためまいは、ジュイッサンス的価値のない、空虚に対する保護の機能に還元された、単なる不快な一症状でしかなかった。

マドレーヌは今では、消去することはできないものの、忘れ去りたいと思っているあの暗い領域からは距離を保っている。性的外傷は分析の構築によって霞んだものとなった。治療は現実的なものを露呈させなかった。反対に、患者の芸術的才能にも助けられ、現実的なものを象徴的なものと想像的なものに結びつけ、覆い隠した。

彼女が絶望していた頃、彼女は「全ての関係を捨て去り、行方不明者の無名性の中に埋没する」ことができると感じていた。このシナリオに基づいて、マドレーヌはひとつの小説を書き、イラストも自分でつけようとしていた。その小説の中では、大都市を舞台に、途方に暮れた一人の男がまったくの無一文でさまよっている。つぎに運命が逆転して、男は廃棄物の立場から、人々の社会関係を回復させる使命を果たす使者へと移り変わる。この短編小説の中で展開された変化は、作者の主体的変容に基づいていた。マドレーヌが生を吹き込んだ登場人物は彼女の分身であった。糸を操るのは彼女であり、そこで彼女はもはや〈他者〉のものではなかった。

現実的なものとしての下劣さと、象徴的なものとしてのエクリチュールとイメージとのあいだで彼女が実現した新しい結び目は、事後的に、鎮静効果をもたらす創作の価値を見せてくれた。

のちに、マドレーヌは青い目の男性と関係を結んだ。あのまなざしの色は危険な性格を失っていた。

〈訳註〉

†一　中等教育（四年間）の初年時であり、日本では小学六年生の年齢に相当する。

†二　W・シェークスピア（一五六四-一六一六）の四大悲劇のひとつ『マクベス』において、マクベスと夫人は共謀して主君ダンカン王を暗殺する。夫人はその後、刺殺の際に手に付いた王の血を洗い流さなければならないという強迫観念に捕らわれるようになる。

†三　原語は「主人」「支配者」の女性形であるが、同時に「愛人」「小学校の女教師」という意味もある。

†四　女性にとって自分の女性性を体現してくれる理想的な女性像のこと。例えばフロイトの症例「ドラ」にとってのK夫人がそれに相当する。

II　セクシュアリティは常に外傷的である

たとえ〈他者〉の暴力がなくとも、性的なトラウマを受けることはある。性的なものは、まず根源的に〈他〉のものとして体験されるのだ。欲動は主体にとってもっとも内密なところにあるにもかかわらず、異質なものとして体験される。欲動は主体の平穏を揺るがし、混乱をまき散らす。

最初から、子供は固有な身体のジュイッサンスに圧倒されている。子供は母親の胎内で生存のための欲求が満たされていた状態から突然外に出され、そのまま脆弱な存在として〈他者〉への絶対的な依存状態となり、〈他者〉の気まぐれに振り回され、なされるがままである。人間の子供は未熟なまま誕生し、自分ひとりでは自らの生存を保証することができないのだ。空腹になっても、子供は泣き声でしか苦しみを伝えることができない。幸運にも、ほとんどの場合、子供を望んだ〈他者〉はその泣き声を呼びかけと解釈し、子供が必要とする食べ物だけではなく、愛情や言葉をも与えることで返答する。この返答、泣き声を呼びかけとする母親によるこの解釈は、子供が言語へと参入するための条件である。原初的記入[†一]、それは最初の交換を開始し、そしてこの交換はパロールの受諾まで複雑化し続ける。すなわち、満たされた空腹、おしゃぶり、愛撫、母親のパロールが快のもっとも原初の経験を形成するためにつながり合うのだ。パロールの最初の下地である喃語（babil）はこの経験を源泉とし、そして主体の言語体系の中にこの経験におけるジュイッサンスの痕跡を残す。

言葉と子供の身体との出会いを強調するために、ラカンは「喃語（lalation）という語にできる限り近い用語」を意図して「ララング（lalangue）」という表現を用いた[*1]。それは喃語のジュイッサンスと、喃語をもとにした本来の言語とのあいだの中間段階のようなものを意味している。子供のはじめての言葉、そしてその次に来るフレーズを聞いて大人は感嘆する。このことは子供が言語を支配すること、シニフィアンを自分のものとするためにシニフィアンと遊ぶことを示している。それは私達の心を奪い、それゆえ心にとどめておきたいと感じさせる宝石、「幼児語」のときなのだ。「泡だらけにしてやる！（Je t' éclamousse!）」[†二]。マノンは泡を立てるために海の中で足をばたばたして、笑いながらこう喚いていた。身体のジュイッサンスとラングのジュイッサンスはこのように歓喜の中で出会う。子供にとって、どんなことでも言い表わせるとまず思わせる、言語の果てしない可能性が開くのだ。しかし、社会関係を結ぶため、理解してもらうために言語を「きちんと」使うことを学ぶと、子供はラングからシニフィアンへの移行に伴う固有なジュイッサンスの喪失を体験する。その点では、言語は言葉の快楽のためだけではなく、子供にのしかかる現実的なものを処理するためにも用いられている。しかしシニフィアンは、子供を襲う欲動を完全に支配することに決して成功しない。身体における現実的なものの全てを表現するのに、言語は適切ではないのだ。現実的なものがまさに象徴的なものから逃れるものならば、シニフィアンと性的なものが一致しないということは容易に理解されるだろう。

性的なジュイッサンスの突然の侵入に圧倒され、驚くとき、子供はそのことに気がつく。自体的に享楽するこの身体は命名不能であり、不安の源泉である。制御不能の欲動の謎を前にして、主体は孤立する。〈他者〉のいかなる返答も彼を救うことはできず、残された選択は症状を構築することのみである。例えば有名なフロイトの少年ハンス、彼は身体についているが自分に従わないもの、すなわち従順でないペニスをどうすれば良いかわからなかった。ハンスの恐怖症は、馬への恐怖症の形をとった不安の症状への転換であり、それは欲動が引き起こすトラウマに対するひとつの返答であった。それゆえ、恐怖は不安から身を守るために利用されたのだ。症状とは知の中の穴への、ジュイッサンスを内包する返答である。というのも、症状には明らかに未知のジュイッサンスがあるからだ。主体は苦しみ、苦痛を訴えるが、それでも何よりもそれにしがみついている。このパラドクスは、精神分析による最初の発見のひとつであった。

子供の神経症の発作は特別なものではなく一般的でさえあり、ほとんどの場合にまったく自然に乗り越えられ、どれもが将来の人格の特徴となるような痕跡を残す、とフロイトは強調した。しかし、様々な理由によって、現実的なものがあまりに圧倒的であると、抑圧の組織化における困難を示す症状が現れる。

われわれが報告する症例は、症状の重さとその原因となった出来事の深刻さとは関係がないということを明らかにする。なぜなら、症状の原因もまた無意識なのだから。われわれにとって深刻だと思われるような状況に直面している人がいるかもしれないが、より害のないように見える事態が、反対に恐ろしい結果を引き起こすこともあるのだ。

天使ガブリエル

ガブリエル[*2]は完璧で立派な人になりたかった。彼はふたつの欠点を気にかけていた。遺尿症で、とても太っていたのだ。彼は十二歳になってもまだ続いているこの欠点を恥じていたが、泌尿器科医がその原因は間違いなく器質的なものであることを示唆してから、そのことにあまり動じなくなった。医師は薬を処方し、彼は我慢強くその効果を待っていた。ガブリエルはまた、体重の増加に対する治療法も知っていた。父親の助言の通り、食生活に注意すれば十分だろうと。

残るは、彼が分析家に相談した「何でもないこと、些細なこと」についての懸念であった。

ガブリエルは、成績が良いにもかかわらず、いつも悪い評価を恐れていた。というのも、彼は常に両親を失望させることを恐れていたからだ。それゆえ彼は与えられた愛情に応えるために必死で勉強し、決して馬鹿なことをしないようにつとめた。ところが過去には、彼は理由もなくマッチで遊び、父親の怒りを引き起こしたこともあった。自分ではコントロールできなかったのだ。「お父さんは厳しいんじゃなくて正しいんだ。お父さんは僕が味をしめて、放火魔になっては困るんだ」――彼は自ら「火事」と呼んだものの最初の説明の中で、こう弁護していた。ガブリエルは綿に火をつけ、それが絨毯に燃え移って小さな火事を起こしてしまったのだ。おしりをひどく叩かれたにもかかわらず、彼はそれを繰り返した。しかし今度は暖炉の中で紙を燃やしただけだが、激しい口論となった。

今では、この子は両親への恐怖を否定[†十三]の形によって示していた。「両親を怖がる必要はない。僕は十二年前から彼らを知っているし、彼らは僕の幸せを望んでいるんだ……そして僕は彼らに愛を返さなくちゃならない」。両親への恐怖が両親を案じての恐怖に変わったとき、再び否定が現れた。「好きな人達に何かが起こることは怖くない。そんなことは起こったことがないのだから」。

したがって、治療の初期には不安が優勢であった。不安に比べて遺尿と肥満は、ガブリエルが疑問視することもできない、むしろ身体におけるやっかいな現象として現れていた。それらはまだ精神分析で言う意味での症状ではなかったのだ。それらについての彼の説明が個人史から来るものであっても、彼がそれらの主体的責任を引き受けるにはもう一歩前進しなければならないだろう。

失われた楽園

ガブリエルの症状が真に謎という形態を取るためには、遺尿に関する彼の訴えが十分に展開されることが必要であった。遺尿は薬で治らなかったばかりか、悪化し、「シャワー」のようになったのだ。成長したように思われたいのに、赤ちゃんのようであることがガブリエルを苦しめていた。分析家がこのパラドクスについて問うと、彼は幼少期のノスタルジーについて語った――「まず僕が生まれたのは、ある産院での五時十五分頃のことで、両親は最高に幸せだった」。ガブリエルは確かに〈他者〉を満足させるあの対象だったのであり、未だにそのことに喜びを感じていた。

彼はずっと昔から柔らかいものが好きで、自分の髪やぬいぐるみ、猫を撫でていた。そして時には、心地の良い記憶を思い起こすために親指のおしゃぶりさえした。それは彼が戻りたいと強く望んだあの幼少期の記憶であった。彼は両親のベッドにもぐり込みお腹や足を愛撫してもらったときのことを思い出した――「あれはとても気持ちがよくて、身体じゅうが震えたんだ」。しばしば父親は仕事に出かけていて、ガブリエルはこの興奮を母親としか分かち合えなかった。愛撫は突然やめられたわけではなく、くすぐりへと変化し、妹が生まれてそれを受ける番になると無くなった。ガブリエルは大きくなり過ぎていたのだ。彼は七歳のときに幼少期の楽園から追放された。それ以来、彼は寝る前にあの快感のシーンを飽くことなく繰り返していた。

彼が示したこのジュイッサンスは性的な意味には結びついていなかったし、抑圧されてもいなかった。エロティックな次元は性的な意味から切り離されていたのだ。この点において、彼の話には告白的な色合いはなく、近親姦の禁止は現れていなかった。逆に、禁止はこの子が出会った全ての他の分野に関わっており、彼にほとんど息つく暇も与えない残忍な超自我によって引き継がれていた。これについて分析家はまず驚き、次いでこの若い分析主体の意表をつくために、大げさに憤慨した表情を示すという形で解釈を与えた。彼はやすらいだ微笑みでそれに応えた。

それ以降、彼の文句は様々な様態で言い表わされることができた。そこでは口唇性が中心を占めていた。ガブリエルは、成長して食事を減らしさえすれば痩せることができるだろうという仮説を立てた。これについては、父親が指摘してくれたように、コントロールができると考えていた。しかし母親はむしろ食事を我慢しないように助言した。「僕は食べるのをやめない。食べる（r'prends）[†十四] けれども適度にする」と彼は言っていた。彼はいわば食事の操作を二重化しなければならなかった。

外傷の三つの時

妹が生まれたとき、ガブリエルはそれまでの二倍の量の食事を摂り始め、冷蔵庫を漁るようになった。なぜなら彼は赤ん坊が愛撫されていないのに嫉妬していたからだ――「僕は両親がもう僕を愛していないと思ったけど、それは本当じゃなかった。僕は撫でてもらえなくなって、その代わりに食べていたんだ」。彼がここで提案した解釈によって、心的構築の最初の素描が可能になった。この構築はまさに連通管のシェーマであった。この構築は次のようなものであった。

その第一の時は、性的興奮との出会いであった。

第二の時は、妹の誕生と母親的対象の喪失によって印づけられていた。ガブリエルがこれを自分の中心的トラウマの契機にしていたことが治療によって明らかになった。

第三の時では、彼は喪失の穴を埋めるために食べ始めた。

彼は妹の身体そのものの上で、失われたジュイッサンスを探さなければならなかった。妹を愛撫し、くすぐり、軽く噛み、口唇的対象とライバル的対象を結合させた。妹は〈他者〉の欲望の対象を体現していたのだ。妹が生まれたときにひとつの平衡が崩れ、それを回復するためには症状の他に手段がなかった。ガブリエルの身体は、自分で出入り口をコントロールできないチューブになった。口から入ってくるあまりに多くのものは別の出口からあふれ出した。そこから漏れる尿の流れは、彼が手離そうとしないジュイッサンスの痕跡を彼に垣間見せてくれた。したがって遺尿は、幼年時代の失われた楽園の再発見という道、つまり赤ん坊でいることの快楽と恥を通してこの情景の中に組み込まれていたのだ。この再発見は高くついた。以後彼は、症状の対価の責任を全面的に引き受けることになった。症状は苦しみに満ちていたが、同時にこの子が捨てることができない満足にも満ちていた。

この構築に並行して、ガブリエルの心配は、夢を通して彼が言及した音楽教師の人柄に現われた。「僕は階段を上って音楽の授業に向かっていた。僕のフルートがバッグから出ていて、落ちて壊れた」。罰せられるのが怖くて目が覚めた。

彼はこの教師の厳格さが理解できなかった。彼の目には教師はあまり重要でもない教科しか教えていなかったが、それでも彼を身動きできなくさせてしまうのだった。ガブリエルは心配にはならなかったが、強い恐怖を感じていた。「叱るとき彼女は噴火している火山で、叱らないときは休火山なんだ。常に爆発を恐れている」――彼はこう言っていた。クラスでは彼はフルートを吹かず、間違った音を出さないようにただやっているふりをした。いたるところに穴がいっぱいあって、彼には何も理解できなかったからだ。フルートは彼を自分の無能さに直面させるだけで、彼はただそれに口をつけるだけだった。音楽教師は彼を罰したがっている悪意のある〈他者〉であった。幼稚園から非常に怖かった先生が事後的にそうなったのと同じだった。彼の不安はひとつの対象を見出した。つまり、彼は〈他者〉の怒りと懲罰を待っていたのだ。

妹の世話に使う――彼は「火事」の二度目の説明においてはっきりとこう述べた――赤ん坊用の綿に火をつけたときに感じたのと同じような感覚をガブリエルは思い出した。母親は彼を叱ったが、最悪なのは父親の帰宅を待つこと、丸一日待つことであった。さて、夕方になってガブリエルは確かに恐れていた罰を受けた。しかし、突然父親の声の調子が変わった――「さあ、おまえはわかっただろう。もうこれ以上は言わない」。父親の声はあまりにも優しかったので、彼はどうすればいいかわからなくなってしまった。愛のしるしも怒りのしるしも、同じようにいつも彼を混乱に陥れた。愛しまた罰するこの父親は、息子の罪責感をまったく和らげてくれなかった。ガブリエルが〈他者〉の懲罰を待っていたとすれば、それは確かに無意識的罪責感のしるしであった。尿の洪水によってほぼ毎晩消さなければならない火とは、いったい彼はどんな火をずっとつけていたのだろうか。そしてまた、彼は何を食べていたのだろうか。彼は「過多」を食べていたのだ。小さな頃、授乳が終わった後もまだ欲しかったことを彼は思い出した。「二本目全てではなく、その半分または四分の一、つまり、何かもう少し欲しかったんだ」。口唇的要請[十五]は食べ物だけを対象とするのではなく、愛と性的な快の要請でもあり、性的な要請なのだ。この点において、それは欲求とは異なり、それ自体の裡にもうひとつの要請を含んでいる。それは逆説的であるが、不満足でありたいという要請である。すなわち、主体が目指しているのは「欲望の擁護」[*3]なのだ。

　ガブリエルは自分の症状によって、両親から受け取った愛情と快楽の負債を支払い続けていた。ところが、彼は一方では支払っていたものを、他方では取り戻していた。同様に、母親の愛情を取りあげた妹を軽く噛むことで、彼は妹を失われた口唇対象の代わりにした。彼女のように愛されることを望みながら、彼は失ったものの大きさを実感していた。彼はこう告白した――「妹が生まれてから、妹が両親に抱かれているのを見ると、自分が赤ちゃんだったときのことを考えさせられるんだ」。

　第二の時としてわれわれが認めたものは、ガブリエルから母親の愛と身体を取りあげた妹の登場によって印づけられていた。そしてそれは事後的な効果の中で、第一の時に失われたジュイッサンスという意味を与えた。こうして、主体を真に反復の中に引き入れる第三の時、永遠に繰り返される失われた対象を追求する時の到来が可能になった。そして、穴だらけでどうしていいかわからなかった夢の中のフルートのように、対象は際限なく逃れていった。

「それを取り戻すこと（r'prendre）」はそれゆえ身体の裂け目を埋めることはできなかったが、執拗に現れ、この子が不満を訴えた全てのものをひとつのシニフィアンに取りまとめた。今回は分析の中でひとつの結び目が成立し、謎をつくった。「それを取り戻すこと」は、ひとつの言葉に身体とシニフィアンのジュイッサンスを凝縮させた。[十六]この子のパロールにおけるこの躓《つまず》きは、性的現実を言語に接合させる、ララングの現実的なものを示していた。[*4]

　ジュイッサンスは「身体中の震え」の形で彼を突然襲い、彼を支配し続けていた。彼はこのジュイッサンスを手なずけるために、症状以外の手段を見いだせなかったのだ。

幸せな解決法

彼は、多くの夢に導かれるままに、治療の中で新しい解決法を探した。ここでは三つのものを取り上げよう。

最初の夢では、ガブリエルは大人になでられる猫に変身した。それは大きな快感であった。なんとこのシーンのもうひとつのバリエーションでは、猫は細切《こまぎ》れにされて食べられる危険にさらされ、不安が現れた。無意識はここでは眠っている者を解釈し、目覚めさせるために現れた。

次の夢では子供は空を飛ぶ天使になっていた。それはまさに彼がなりたかったもの、人々が失った愛しい存在と再び出会うことを手伝う、天国の守護天使であった。

われらが天使はまた、人々の声に答え、世界の飢餓問題を解決することを可能にする食料の供給機を発明する夢も見た。

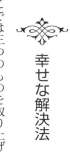

彼の心配事はあまり変わらなかったが十分に置き換えられたので、彼が過食症である必要はもはやなかった。すなわち、分析の中でのパロールは身体のジュイッサンスをシニフィアンのジュイッサンスに変え、みるみるうちにガブリエルを痩せさせた。

分析の中で手に入れたこれらの要素によって、彼は愛と調和のみが支配すべき理想的な世界の理論をつくりあげた。彼は森林の管理人になることでそれに貢献することに決めた。それが彼の職業となり、彼の使命となるだろう。彼は、人々が狩りの楽しみのために動物を狩ることを止めさせ、食べる必要性を満たすときにのみ殺すべきだと理解させて、動物を保護することになるだろう。彼は「食物連鎖を大切にすることの重要性」をとりわけ強調した。彼の身体が最初に体現していた図式が、いまではこの計画を通じて彼のうちに記入されていた。ガブリエルはエコロジー的均衡を取り戻し、暴力のない世界、全ての人が理解し合い、自然と調和して生きるような世界に到達することを望んだ。こうして彼は、どうしても手放したくなかった失われた楽園の探求を新しい形で提案したのだ。このようにファンタスムによってジュイッサンスを扱うことにより、彼は癒やしを得ることができた。ただし、そのことで去勢から身を守るヴェールが引き裂かれることはなかった。

分析はこうした特異的な解決がなされて終結した。何年か後になって、彼が森林管理官になるために順調に勉強していると知らされた。ガブリエルは世界と自然の調和に貢献しようとしていた。それは彼のトラウマへの対処法であった。

彼は失われた楽園のノスタルジーに引っ張られたままであったが、それでも分析経験によって彼の症状の過大な圧力は軽減された。

この治療は、重大な災いのみが苦しみを産み出すのではないということを教えてくれる。ガブリエルは子供時代に多大な幸福を味わったので、楽園から追放されたと思った。過剰な快が彼を圧倒し、分析によってしか解放されないほどの刻印を身体に残したのだった。

「いやそんなことは起きないよ」と、リュシーの父親は答えるのだった。幼い娘の問いは、内容が変わることはあっても、疑問形というその構造は決して変わらなかった。しかし注意深く観察すると、ただひとつの命題のみが変化している――「私の心臓が止まることがあるだろうか」。「自分で気がつかずにスズメバチを飲み込むことがあるだろうか」。「私の背骨が折れることがあるだろうか」。「このまま息をするのをやめられるだろうか」。

こうしたことが起こらないことを彼女は知っていた。しかし、かすかな可能性があり、そのために父親が自分を安心させるために嘘をつくのだが、それは起こりうることであった。リュシーは父親に嘘をつかせて、毎晩彼女が出していないひとつの問いの答えを聞いていた。その問いは無意識の知に関係していたので、どのような答えも満足させられなかった。最初に分析家に出会った時には、彼女はまだそのことを知らなかった。

不安は騙さない

何ヶ月も前から、リュシーは不安で打ちのめされており、両親はそれによって疲弊していた。学校から家まで、彼女の生活全体は不安によって圧倒されていた。宵から夜中にかけての時間は耐え難いものとなった。

リュシーは長くなる一方の質問のリストに対して、安心できる返答を得るまで寝入ることができなかった。母親は父親よりも早くからそれにうんざりし、父親は娘の唯一の話し相手となった。

予備面接においてすでに最初の外傷的なシーンを構成することによって、すでに症状の発現の位置づけを明確にすることが可能となり、いくつかの基本的シニフィアンを抽出することができた。

全ては心地よいある春の一日に始まった。家族は集まって庭で日曜大工をしていた。リュシーは母親が家具の色塗りをするのを手伝い、溶剤で手を洗っていた。突然、瓶の「毒物」と書かれた注意書きの上に記された×印[†七]を目にして、彼女は固まってしまった。不安はすぐそこにあった。後になって、彼女はこの印の意味を尋ねたことを思い出した。「それは毒で、飲み込んだら喉が焼けるよ」と母親が答えた――リュシーはそれを「飲み込んだら、死ぬ」と解釈した。彼女はすぐに喉がちくちくするのを感じた。それは何日も続き、医者はそれを「喉の炎症」と診断したということを思い出した。シニフィアンが身体に噛み傷を残したのだ。リュシーはそのとき十一歳であった。

それ以来、彼女は包装に×印または「有毒」という言葉が付いている全ての製品に恐怖を抱いた。そのほとんどが家事のための製品であり、次にはそれらが汚染するかもしれない全てのものについても恐怖を抱いた。洗剤のついた可能性のあるスポンジで、つい先ほどきれいにされたテーブルの上に置かれた小さなスプーンさえも危険となった。同様に、死と結びついたキリスト教の十字架、危険状態にある人間がいることを示す救急車の赤い十字、または禁止を表わす×印、などが不安を呼び起こすのであった。このように、汚染は換喩や隠喩のシニフィアン的通路を通るのだ。最初のシーンにおいてリュシーが取り上げた「刺す」と「喉」という特別なシニフィアンは彼女も気が付かないうちに「スズメバチが彼女の喉を突き刺す」に変化した。そこから――これは真の恐怖症とは違って――不安から防御するためにはけっして十分に固着することがなかったあらゆる種類の恐怖が展開されたのだ。恐怖の対象の不安定性はそれゆえ不安を手つかずのままに残した。「私がキノコの上を歩いて、その靴を手で触れ、手を口に持って行くと、汚染していないか怖いんです」。その後に、脱水症状の恐怖がやってきた――「〔細菌を〕追い出すためにつばを吐きすぎて、体に水分がなくなってしまうだろう」。いかなる論理もこうした恐怖を静めることはなかった。だが、リュシーにはそれがばかげていることもよくわかっていた。

私が彼女に出会ったとき、彼女は予期していた。危険を予期していた。彼女は強迫的な観念に打ち克とうとして儀礼的行為をしていた――つまり危険を払いのけるために歩数を数えていたのだが、それは不安を鎮めるのには十分でなかった。有毒物質に出会うずっと以前、リュシーは両親が自動車事故にあったり家が火事になったりすることを空想したことがあったが、今では、彼女はそれが実際に身に及ぶと考えると恐ろしくなった。彼女は死にたくなかったのだ。そしてそれゆえ、成長も老化も望まなかった。彼女はまさにみずからの欲望の途上で止まっていたのである。

分析が始まって初めてのバカンスで彼女は、不安の回路は家庭の外では威力を失うということに気が付いた。不安が生じたとき自分の疑問を投げかける人が誰もいないので、彼女は急いで身体に問題がないか確かめた――「心臓は動いている、背骨は傷ついていない」――そしてすぐに寝入った。何日か経つと、もうそれについて考えることはなくなった。だが、うちに帰るとすぐに全てが再開した。毎晩、彼女は両親の寝室へ質問のリストを持っていくのだった。恐怖があまりにも強くなると、リュシーは両親のベッドの脚もとの床の上に寝ていた。彼女はそこで何を確かめたかったのだろうか。彼女は自分を犠牲にしてでも両親の寝室での関係を妨げるための方法を見つけたのだ。たとえ彼女が前もって期待する返答を知っていたとしても、「私は決して彼らに問うことを止めないでしょう」と彼女は言うのだった。

分析の謎

分析の最初の治療効果は不安の場所を家に限定したことだった。中学ではリュシーはリラックスしていたが、やはり彼女にとってまったくの謎となったものについて疑問を投げかけ続けていた。

彼女は白いシーツに包まれた男の夢を見た――「私の恐怖の中心にいるのは彼で、彼を殺すことができればもう怖くはなくなるだろう、と私は自分に言い聞かせて、石で彼を殺そうとした」。リュシーはベールを纏って現れたファルスの中に自分の不安の原因を認めたようだった。父親がいないときには不安が現れないのを確かめ、彼女はこう結論した――「お父さんがおかしいに違いない。お父さんがいないとみんな調子が良くなり、もうお母さんの不眠症も無くなるのだから」。問題を起こすのは父親というよりも、まさにファルスのほうであった。父親は危険な存在であったとしても、やはり欲望されていたのだ。破壊の欲望は同時に父親の存在が必要だったことも示していた。

この発見は彼女の初潮と同時期になされた。そして初潮のあとでは彼女の恐怖の対象は変化していった。それからリュシーは不妊症に恐れを抱くようになり、その他の恐怖は薄れていった。この変化は両親の生命、そして――彼女が言うには――彼女が非常に大切にしている妹の生命への新しい懸念を伴っていた。両親なしでは、とりわけ母親なしでは、生きることはとてもかなわないようであった。

初潮によって、失われた楽園のように描かれた幼年時代を彼女が手放したくないと望んでいることが確認された。「人生はあまりにも早く過ぎていく。私は四年生のままでいたいのに」――これを「十歳」と置き換えてみよう。この歳は妹の誕生の時期であり、それは彼女が決して言及しようとしない、そして分析家がそれについて強く問いかけた時期だったのである。

彼女の話はいくらか恥ずかしそうだった。性的関係、妊娠、そして赤ん坊の誕生という連関について、両親の説明にもかかわらず理解せず、「それほど馬鹿だったこと」についての恥である。それでも、リュシーは、両親の寝室での少しばかり仰々しい「彼らの声明」と彼女が呼んでいたものをまさに思い出した。そこでは「ママのお腹で大きくなり赤ん坊になる卵」が問題になっていた。しかし、「私はそれが本当の子供であり得るとは理解しなかった」のだった。そして、母親のお腹が大きくなるのを思い出しても、彼女はそれに理由もつけず問いかけもしなかった。あの夜、彼女は両親が産院に出かけたとき、何が起こるのか理解できずにパニックに陥ったことを思い出した。だが彼女は、自分の面倒を見ていた乳母が「あなたのママに子供ができる」と言っていたのを覚えていた。そのときにはこの言葉は何も意味しなかった。リュシーはこの言葉の意味を拒否したのだった。

　妊娠の告知と子供を生むことの説明があったとき、むしろ両親が彼女に人形を贈ってくれるのだと理解した、と少し後になって彼女は打ち明けた。「いかに自分が馬鹿だったかやっと解ったのは、病院で妹を見たときだった」と言ったのだ。

　この告白のあとリュシーは、出生後一年間は母親のように世話をして大変かわいがっていた妹に対する、アンビバレントな感情について話した。「私は両親といた以前の人生と、妹といた以後の人生とがあるように感じる。妹は気まぐれで、みんなを疲れさせ、彼女のせいで両親は早く老け込んでいる……私達（on）は娘をこんなふうにするべきではなかった」[†八]これは、彼女が邪魔しに来た性的関係の中に彼女を含むうまい表現である。分析家が言い間違いを指摘したときの彼女の赤面しながら驚いた表情は、そのしるしであった。彼女が父親から想像的な子供を期待していたときに、この現実的な赤ん坊が生まれたことは、どれほど彼女を失望させたであろうか。

まずリュシーが最初のものとして提出した「×字」のシニフィアンとの出会いのシーンは、したがって、より原初的で外傷的なシーンの次に来る第二の時でしかなかった。

両親の性的関係に関する、いま彼女が「声明」と呼ぶもの、そしてこの性的関係の帰結つまり子供の到来。それは彼女がほとんどそのまま手つかずに言表を保持しているあいだ、意味が理解されないままに残っていた。性についての説明は、主体がそれについて何も知りたくないうちは主体を混乱させるだけである、ということをこのことは確認させてくれる。

症状は外傷への返答である

母の大きくなったお腹について両親から性的な意味が与えられたが、それは決して望んでいた贈り物への期待を妨げなかった。まさにエディプス的子供の代替物であった人形はその証拠であった。そして結局、たとえ現実的な赤ん坊が彼女に間違いを理解させることができたとしても、赤ん坊は、リュシーが可愛がることのできるかぎり、人形よりも多くの満足をリュシーにもたらした。しかし妹は歩き話し始めることで、自分は単なる欲望の対象物だけではなく欲望する主体でもある、ということを主張して活発に動くようになったとき、彼女を現実的に失望させるものとなった。

実際に失望したとき神経症を引き起こした「×字」というシニフィアンとリュシーとの出会いにおいては、確かにひとつの時間的論理があった。このシニフィアンはそれ自身、禁止と死につながるメタファーをはらんだものとして選択されたのであった。このシニフィアンから〔不安への防衛としての〕恐怖症を成立させようとする試みは挫折した。その結果、一連のシニフィアンと意味作用が誘発され、分析ではそれらをたぐっていくことが必要であった。

リュシーの症状は——父親に言わせたとしても——ひとつのフレーズの形をとって現れ、直接ファンタスムに繋がっていた。「そんなことは起きない」という父親の返答が有効だったのは一晩だけであったので、毎晩繰り返す必要があった。こうして、この若い娘がなした自分の症状の数々の使用法が遙かに明確に現れてきた。彼女の全ての行動は次の目的を持っていた。すなわち、両親の性的関係の妨害、もう一人の子供が生まれることへの妨害である。母親の妊娠の否認はのちに、「そんなことは起きない」という否定の形で表現された。現実の子供を目の前にしたときにもうひとつの期待が崩れ去ったとしても、それは見かけにすぎなかった。父親に要請を出すことで相変わらず父親を、子供を与えたり、拒否したりする立場に置いていた。ここでは父親の子供を獲得するという彼女の欲望は、神経症的布置に従って「そんなことは起きない」という否定を通してしか表現されえなかった。同時にそれはリュシーがあの贈り物を期待しながら、両親に自分の失望を言うために見出した、唯一のやり方であった。贈り物はそれ自体危険となっていた。

分析によってジュイッサンスの一部は断念されたのだが、エディプスからの脱出と真の女性的立場への参入にはまだ問題が残っていた。リュシーが思春期に達して以来、不妊症について言及し出すことで、彼女は子供を持ちたいという欲望には禁止がかかっていると主張してきた。リュシーは父親以外の男性に目を向ける準備ができていなかった。「何かを知らないうちに飲み込む恐怖」という捕らえがたい考えの形で症状の残滓があった。この恐怖の言表、これはファルスによって貫入されるという欲望の変化形であるが、たとえ恐怖は弱まり、この若い女性がそれを笑えるようになったとしても、結局それは、一連の恐怖の口火を切ったスズメバチによる虫刺されと同じ構造をしているのだった。

いまや恐怖の対象を取り払われた不安は、より純粋な姿で現れ、より直接的に現実界への近接を示している。リュシーは女性の欲望の謎について問いかけようとする地点にまで達したのだ。

リュシーが大人になって、学業を続けるために実家を離れる時が近づいてくると、それは新しい心配の種となった。彼女はずっと以前から、実家を離れると安心するということを確認していたが、実家から離れる前には「恐怖することに恐怖」していた。彼女は微笑みながら「たぶん私には不安が必要なのでしょう」と結論した。彼女の調子が良いときには、具合悪くなるだろうかと自問した。「そうすると私はストレスを感じ、まるでそちらの方が良いみたいです」。以前の恐怖の対象がそうであったように、「ストレス」は不安から離れさせるのだ。リュシーはその原因を明らかにしたのであろう。

彼女は「ストレス」というこのマークを胸に抱いて治療を中断した。それは不安と戦うための恐怖の現代的形態である。

分析は全てを修復するわけではない。失われた幸福を取り戻すのでも、構造的に喪失している対象を取り戻すのでもないのだ。

リラの隠された宝

偶発的な出来事をきっかけにして構造的喪失が露わになると、ときとしてそれだけで死の欲動が猛威をふるうことがある。そうすると些細な事柄から心の動揺が引き起こされる。

ある朝リラが鏡の前で身をかがめると、あごの下のたるみが見えるように思えた。彼女は怖くなり、すぐさま、もう食べもしないし、鏡ものぞかないと決めた。彼女はすぐに痩せた。体重の減少に感激しすぎた結果、この極端な食事療法を止められなくなった。

リラが面会にきたとき、同伴した彼女の母親が言うには、リラは家では全てを支配しようとし、父親に我慢ができなくなり、ユーモアが消え、意味もなく泣き出すようになった。これまではこの娘はつねに社交的で明るかったのだ。

両親は長いあいだレストラン業を営んでいた。彼女が生まれたとき両親は事業を立ち上げた。それはうまくいったが、結局売却しなければならなくなった。そのとき父親が重い鬱状態に陥った。そして、父親が良くなり出すと、今度は母親の番であった。

リラは肌が透き通るようで髪は薄かった。十七歳になったばかりで、最初に会ったときには体重が三十五キロしかなかった。

彼女はまず自分の「二重あご」、それを見つけた後のダイエット、そして痩せることの楽しみについて語ってくれた。彼女は自制がきかなくなっており、「何も」食べない（「無」を食べる manger《rien》[十九]）のだ。そしてその効果にあまりにも感激し、またダイエットを始めるのだった。自分が痩せていくのを見るのは、彼女自身にもあらがいがたい真のジュイッサンスをもたらすものであった。

　リラは自分のお皿に盛られているものがお腹の中に入るのを想像するのが嫌だった。彼女はまた父親が抱かせる嫌悪感についても話した。父親は口を開けて食べ、何でもないのに笑い、だじゃれを言い、ものを飲み込むときに音を立てた。

　彼女はまだ一緒に食事をしていたときには父親を批判していたが、のちになると父親に話しかけなくなった。そして最後には家族とも食事をしなくなった。こうして、パロールと食べ物のあいだの等値関係を想像させる仮説が輪郭を現した。食べ物＝父親のパロール＝自分自身のパロール。すなわち口唇的対象、声的対象、そして無的対象である。[†一〇]

　リラに不安はなかったが、陰気で、しばしば絶望的であった。死んだ方がよかったのかもしれない。あとで彼女は、「食べるときは口を閉じて」と何ヶ月か前に最初に父親を非難したときのことを思い出した。そしてこう続けた――「私はまるで父親に恨みがあって、何か非難することがあるように意地悪なことを言った。それが何なのかわからないけれど」。

　彼女は家族のあいだにある問題の脈絡を説明した。まず父親の鬱状態、次いで母親の鬱状態があり、そのことで母親自身が拒食症になるという一幕があった。リラは自分に、「私は絶対母親のようにはならない」と言い聞かせた。それ以後、彼女は自分自身「役立たずで、つまらない者」だと感じ、家族生活には加わろうとしなかった。弟が生まれたとき、彼女は同様に閉め出されたような感情を持った。

　この予備面接のあいだに、リラは再び体重が減って、入院することに同意すると知らせてきた。痩せて青白い顔をしている彼女はほとんど立っていることができなかった。彼女は空腹時においても食べたくない理由がわからなかった。彼女は一連の矛盾した意見を主張した。「私はここから出たくもあるし、出たくもない」、「瘦せるのはよいことだ」、「私は正常に戻りたい」、「私は死んでしまうまで瘦せたいのかもしれない」、「だから、たぶん私は病院に行った方がよいのだろう」……。リラはまた、友人達と一緒だと全ては調子よくいくのだけれど、もう決して「家族の中では笑い」たくないと言ってきた。

遮蔽想起のほうへ

リラは二ヶ月後に退院し、われわれはセッションを再開した。退院にはひとつの条件があった。というのも彼女はほとんど太らなかったからだ。条件とは、最初から次の週の病院での検査までに五百グラム増えなければならないというものだった。毎週チェックすることになっていた。

リラが家に戻ってきたとき、母親は、娘の症状の原因がわかった、母親自身が原因なのだと分析家に言ってきた。母親は夫と距離をとるためにしばらくのあいだ離れていたかった。リラはそれを別の男がいるためだと思ったが、あとでそんなことはないと認めた。娘に改善が見られたので、母親は再び家を離れると告げたところ、リラの食が細くなり、母親は最初の計画をあきらめた。

この母親はしたがって、いくつかの言葉で、娘の症状を夫から別れたいという自分の欲望と結合させたのであった。母親の解釈によると、娘は自分の症状で夫婦生活を操っている。つまり、リラの拒食は母親に家に留まるように言い渡しているのだ。

娘はむしろ自分が抜け出したいと思っている家庭の雰囲気の悪さについて不満を言っていた。「もし母が出て行きたいのなら、行くべきだ……夫婦間の問題は私には関係ない」と。彼女は母親にその問題について家の中で語ってほしくなかった。

彼女はいつも学業と体重の話題でセッションを始めた。成績はずっとすばらしかったが、十分に太れず再度の入院を恐れていた。これらについて分析家は何の注釈もつけず、ただセッションを休まないようにするよう勧めた。彼女は治療の手順――分析家の沈黙、短時間のセッション、切断――に驚かされ、症状を超えたところで自分自身について問いかけた。

彼女は決まって、母親が何の決定もできないことを気にかけ、母親が家を出るのを迷っていることについて話した。彼女は自分自身が沈黙していた時期について言及した。父親自身が元来寡黙な人であり、そこには父親への同一化があったことが分かったのだ。

彼女のディスクールは流れを取り戻し、そのおかげで最初の大きな転換を印す想起が語られることになった。[†一一] それはずっと前、幼年期の幸福な場所で、リラの両親があの繁盛した店を持っていた頃だった――「私は父親をあまり見なかった。それは彼が日曜日の午後以外はいつも調理場で働いていたからだった。そこの隅で遊んでも良かったけれど、父を邪魔してはならなかった。私はその場所が好きだった。ある日、私は父のガレットにフェーヴ[†一二]を入れる権利が与えられた」。

リラはこうして父親とひとつの秘密を共有したのだ。父親がこねた生地の中に、運よく手に入れた人を王や女王に変身させる貴重なフェーヴを隠したのだ。父親のガレットの中の欲望をそそる対象は食べられない。彼女は父親を見ることができるこの場所が好きだった。彼女は哀惜の念を抱きながらこの場所について考えた。

恐ろしい共犯

分析の進展にもかかわらずリラの体重は増えなかった。セッションに活気づけられて、単に陰鬱な状態が緩和しただけであった。毎週の検査では、入院させられないように弁明していた。彼女はなぜ空腹時につねに「食べ過ぎること」を恐れていたのか自問した。

ある日にはいよいよ出奔《しゅっぽん》しようとし、次の日にはそれをやめるというふうに、母親は家族を自分の気まぐれのままに引きずり回した。セッションを重ねるにつれ、リラはこうした母親の態度の急変について語ってくれた。最終的にリラは両親の真の離別を望んだのであろう。彼女は父親が落ち込むのが心配で、再び父親に話しかけるようになった。

この再開された関係は、次の母親の告白に現れている娘の立場の変化を明らかにしている。その告白とは、母親が二月以来の自分の恋愛生活について娘に打ち明けていたことである。二月とは、彼女の拒食の始まりの月である。それは母親がある友人を励ましに行くために留守にしたことから始まった。そして、母親はこの男が母親にキスをし、母親自身も夫にもう愛情をもっていないと娘に言ったようだ。

母親の打ち明け話は続き、それとともに、もしかしたら家を出るかもしれないという疑念がつきまとった。この親密な関係は、娘を母親と対等にする特権的な立場に置いた。娘はその秘密を受け入れる喜びと自尊心を否認しなかった。この喜びと自尊心を通じて、彼女は自分が女になったと感じた。この特権は思いがけなく彼女に自分の待ち望んでいた大人の場所を得させたのだが、それにもかかわらず母親のセクシュアリティを見ることは、特権というよりも激しい嫌悪に近いものであった。外傷的な侵入は、リラを自らのぞっとするようなジュイッサンスへと逆戻りさせる共犯関係へと変化した。それがいったん暴露されると、この娘はそれで手いっぱいになった。彼女は母親から離れたかったのだが、罠にはまりこみ、どうして良いか分からなくなっていた。母親が出て行くことは彼女を混乱させた。父親に介入してほしかったけれど、彼は何も言わなかった。

リセ《†一三》が彼女の唯一の避難所として残った。

解決を示す夢

彼女は夢を見た――「私は知らない家にいた。家族全員と知らない男がいた。私は中庭におり、皆が家から私をスパイしていることに気がつく。母親が窓のところにいる。母親は私を見たとたん、カーテンの裏に隠れる。母親が私をスパイしていたことに腹が立つ。不安で目が覚めた」。

そこにはまなざし的対象が、母親の侵入という様態で出現していた。リラはこの夢に関心を持った。もう一人の男、母親のまなざし、怒り、謎、不安、対象を隠しつつ露わにするカーテン。

まなざし的対象は不安を発生させると同時に、その出現は体重のめざましい増加のきっかけとなった。

この娘は、自分は母親が心を打ち明ける唯一の相手だと満足しながら、同時にそれに困惑し、今では母親についての疑念と闘っている。彼女は、母親のやっかいな打ち明け話を聞くときの彼女のジュイッサンスについて分析家が解釈してくれて以来、自分の居心地の悪さを別の形へと変化させた。「母は父から隠れて行動している。両親が別れることは別にかまわないけど、母が別の男と一緒にいることは良くないと思う。父を欺《あざむ》くことになるから」。リラは母親の秘密の愛を隠すことで、彼女もまた父親を欺いていたのだ。夢のスパイは彼女自身でもあった。

彼女は太ったことに安心し、またそれに驚いていた。父親との新しい和解にも同じように驚いていた。リラは立場を変えたのだ。彼女は母親がしゃべり過ぎなのに対して、父親の謎めいた沈黙を評価していた――「彼女は言い過ぎで、うんざりする」。

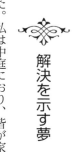

母親は結局食べ物ではなく、打ち明け話を娘に詰め込んでいたのだ。

ある悪夢の中では、巨大な波がやってきて、リセの建物を飲み込み、窓ガラスを割っていた。リラは一番の親友の手を握っていたが、それを離してしまった。リラは飲み込まれ、そして表面に浮かび上がり、自分の家で父親のそばに戻っていた。彼女は驚き、親友を亡くしたことを悲しく思った。

リラは溺死を逃れた。母親に飲み込まれることから抜け出し、父親の方へと向かった。しかしそれはひとつの喪失を対価としていた。

最後に彼女は体重について語った。それは正常に戻っていた。セッションにもおしゃれをしてくるようになった。女性らしさの全てを取り戻そうとしていたからだ。彼女の関心は再び口に関することに集中していた。自分の口、父親の口、母親の口、語る、食べる、そして今では微笑む口である。しかし、夢において、彼女にとって重要なのはまさにまなざしだった。リラは眼差し、見られている。そして、今では誰によって見られているかはほとんど重要ではない。

母親との不和、そして弟についての話題がセッションの中心を占めていた。情動が、最初に現れた夢のときのように、不安と怒りの姿で再び現れた。

母親はもう日々の生活について語ることがなくなり、以後リラは、母親に返答することを拒絶した。彼女は自分の不満の出し方を変化させたのである。彼女を弟ほどには愛さなかったにちがいない母親に対して、彼女の愛の要求は途方もなく大きかった。

リラは、自分を一人娘の座から追い出したこの赤ん坊の誕生の瞬間の苦痛を思い出した。彼女の嫉妬はそれによって膨れあがったのだ。

両親は下の子に対してあまりにも甘かったため、弟の態度が悪いときには彼女が叱ってやらなければならなかった。弟に対して、大人達が守らせることのできなかった法を定めようとしたのだ。余計な衝突を避けるために、まもなく彼女は母親との会話をやめた。彼女は、それは自分の拒食以前の状況へ戻ることだったと言った。父親がふたたびお気に入りとなった。

いまでは、彼女は普通に食べるようになったが、食卓には決まって遅れてやってきて、家族と食事の時間を共にすることはなかった。友人達といると居心地が良かったので、以後、彼らの方に向かっていった。

リラが分析家のところに来訪した理由であった症状は完全になくなった。体型は女性的なものに戻り、美しく、きれいに着飾り、化粧をし、髪もまた増えてふさふさとしっかりしたものになってきた。家族とは距離を取り、リセや勉学や友情に関心が向かった。

しかしながら、彼女にはひとつまったく理解できないものがあった。それは手に負えない弟への両親の放任主義で、弟を叱るのは彼女だけであった。だが、彼女は自分に関係ないことに口を挟むと非難され、そのことを悔しがった。彼女は誰も何も言わない弟の自由が羨ましかったのではない。心配だったのだ。彼女は弟に制限を設けて、彼がどこにでも自由に行き来することをやめさせていたが、両親にも同じように弟にそのことを禁止し、彼の勉強に関心をもってほしいと願った。彼女は自分の幼児期の失われた楽園においては、今ではもう影もとどめていない様々な規則があったことを思い出した。あの頃は食卓の周りに家族全員が集まっていた。

父親の失墜

家族の食事はリラの拒食によって変化した。この点において、彼女の症状は「両親の夫婦関係の真理」[*5]を暴き出し、また同時に食べ物という両親にとって特別な対象にねらいを定めたのである。リラの拒食は両親の不和の解釈をしたにすぎなかった。なぜなら、家族生活は父親の鬱状態によってずっと以前からバラバラになっていたからだ。今では、言うことを聞かない少年を叱ろうとするリラを除いては、誰も元通りにすることなど求めない家族生活の名残り、サンブラン[†一四]があるだけであった。

このことがいったん露呈すると、彼女もこの役割を捨て、弟との関係はより希薄になった。リラは秩序や権威や法を好んだ。彼女はバカロレアのあとで、裁判官になることを望んで、法律の勉強を始めるという計画を打ち明けてくれた。彼女は市民に法律を守らせ国のために有用であろうとした。法律や法は、彼女を強く苛立たせる放任主義が支配する家に欠けているものを代表していた。リラはそれでも、父親が鬱状態に陥る以前には、権威に欠けていたわけではなかったということを思い出した。父親が日曜以外はずっと離れなかった父親の世界は、誰も邪魔してはならなかった。日曜には、父親は子供と遊んだ。全ては秩序立っていた。

混乱は結局父親の挫折から始まったのだ。その挫折とは事業の失敗だけではなかった。母親は失われた権威を懸命に取り戻そうとしたが、子供達は彼女が怒鳴ってもまともに取り合わなかった。「父親なら声を高くするだけで十分だった」とリラは思い起こした。

後になって彼女は、母親が外出するのを父親に禁止して欲しかったが、彼は何も言わなかった。すでに始まっていた父親の失墜は決定的となった。リラは父親に意地悪くしゃべることで、すでに屈辱を受けていた父親を侮辱した。彼女は食べることを止め、彼女自身がひとつの謎となった。彼女が〈他者〉の欲望の謎に立ち戻り、自分の症状を解消するためには分析の紆余曲折を通らなければならなかった。

「無」という対象の威力

治療によって、この娘の拒食は二重の発見と重なることが明らかになった。それは、母親は一人の女性であり、父親以外の性的対象を欲望していたということであった。食べ物と父親に関して同時に生まれたリラの嫌悪は、母親にとって父親がもはや欲望の対象ではなくなったときから始まった。リラは父親が欺かれて二度目の挫折を経験したことを許さなかった。

彼女は父親に対して横暴になり、とりわけ彼が食べているときに傷つけるような指摘をすることで、彼女は父に向けて自分自身の苦悩の解釈を表わしていたのだ。「私はまるで父親に恨みがあって、何か非難することがあるかのように意地悪なことを言った。それが何なのかわからないけれど」。これは治療にもたらされた最初の謎であった。そのあと彼女は語ることを止めた。ところで、父親自身はまさにあまり語らない男であり、そのことをそれまで彼女は評価していた。なぜなら、それは父親を神秘的にしたからだ。

彼女は寡黙で侮辱された父親に対して怒り狂い、他方では母親は彼女にあまりにも内密な話を押し付けるのだった。母親の打ち明け話を受け入れることは父親を欺くことに相当した。だから、リラが鏡の中で見たのは、「二重あご」というよりも自分自身の虚偽の姿だった。そしてその反動で、彼女はもはや「鏡の中で自分を見る」ことができなくなった。ある一線が越えられたのである。

娘の母親との新しい特別な関係では父親はのけ者にされていたのだが、その関係には大きな対価を払わなければならなかった。「無」という対象が彼女の拒食と沈黙の双方に現前することになったのだ。その彼方では、女性性の根元的な拒絶が問題になっていた。女性的形態を失うことで、リラの身体はこうした拒絶を表わしていた。

一連のシニフィアンが全て口唇的対象を目ざしており、両親の特別な対象である食べ物は症状の開花へと収束した。食べないことは欲望の不満足を保持するために使われたというより、ラカンが拒食症臨床において認めた「無」という対象を強調するためであった。[*6]

最初、子供は、養ってくれる母親に依存する。子供が泣くと、母親は子供に飢えを満たすために必要なものを与え、パロールと愛の贈与に付き添う。だから、口唇的対象はまさに最初の欲動の対象であり、それは乳房もしくはその代替物である哺乳瓶という形のもとで、主体を〈他者〉との交流の弁証法、つまり欲望の弁証法へと参入させる。子供は母親を全体として把握する以前から、もしくは自らの身体の完全なイメージを抱く以前から、口唇的そして肛門的部分対象を手に入れている。これらの部分対象は譲渡可能であり、母親の世話のおかげで性感帯となる身体の諸々の孔と結びついている。フロイトはそれらが失われた対象であり、それゆえ欲望の対象であることを明らかにした。ラカンはそれらがむしろ「欲望の原因」であることを明確にし、対象のリストにまなざしと声を加えたのち、心的拒食症に特有な「無」という対象をも加えリストを補完した。[*7]

すでに論じたように、赤ん坊にとって生命に関わる最初の交流において母親は全能である。なぜなら母親のみが与えたり拒絶したりできるからだ。拒食症による拒否は母親を不安にし、この依存関係を逆転させる。

リラは自分が望んだ以上に要請を逆転させた。すなわち、母親は彼女に食べ物だけではなく、打ち明け話をも飲み込むように要請してきたからだ。それも吐き気を催すほどにである。「無」という対象を味わうことは欲動の対象を除去し、そしてそれとともに、欲動の対象を最も直接的に表現(traduction)する不安を除去する。リラは、欲望の混乱で頭がいっぱいになっている母親を自分について心配させることで、母親を身近に呼び戻した。分析家はこうした不安の関係をこの娘と共有しなかった。患者の生命が賭けられているにもかかわらず、また患者の体重に分析家の興味を惹きつけようとする患者の試みにもかかわらず、他でもされている医学的監視のおかげで分析家はこの不安の関係に関わらなくてすんだ。分析家がそれに関してなにも尋ねてこないことで、彼女は自分の個人史の座標を問いただしながら、父親との特権的関係に関する中心的記憶にいたるまで、自分自身の要請を展開するよう促された。それは幼い娘が貴重な対象であるフェーヴをガレットに入れていた想起である。彼女は謎めいた父親を見ていた。それは父親の挫折とともに失われた幸福へのノスタルジーであり、想起がそれを復権させたのだった。次いで母親の秘密の告白があり、そこからあの破壊的な親密さに結びついたジュイッサンスの娘への譲渡がなされるのだが、この娘はやがてそこから離れることができたのだった。

解決をもたらした転換は、まなざし的対象を指し示すことで、口唇的対象を二次的平面に追いやった夢を通してなされた。リラは治療の初期にまなざし的対象を否定的に取りあげた。鏡の中で自分を見ることができずに、それを避けたと言っていたのだ。父親の調理場という聖なる場所で、この娘が父親を見つめていたという遮蔽想起はまた、まなざしの現前を示していた。しかしながら、不安と怒りを生みだし、この欲動の対象に別の地位を与えたのは夢におけるまなざしの出現である。「不安にさせるもの」は常に「天窓」から現れる。つまり、ラカンの指摘によると、「不安の場は枠づけされて位置づけられる」[*8]のだ。カーテンが開かれ、その窓に母親のまなざしが出現すると、まなざし的対象が露わになり、それによって「母親からまなざしを向けられる」、そしてその彼方に「父親にまなざしを向ける」という娘のファンタスムが明らかになる。この対象の露呈はここでは目覚ましい帰結をもたらした。拒食症の「無」という対象はもはや存在理由を失い、症状は解消されたのだ。この治療は、不安は確かに対象の唯一可能な表現（traduction）である、というラカンの指摘を立証している。「無」という対象は拒食症において支配的となり、他の諸々の欲動の対象への接近を妨げる。脱女性化したリラの身体はその印を宿している。この全てが分析によって変化したのである。

それ以来、謎めいた対象という尊厳へと高められた父親への愛、母親に対する要求、弟への嫉妬というように、それぞれの場所は古典的なエディプス図式に従って再配置された。

リラは下の子に対する父性的権威を自分で背負うことで、依然として父親を救おうとしていた。だが、彼女はそのことをあきらめてしまったかと思わせた。法律を理想の場所に置くことによって、彼女は両親の夫婦間の苦悩から身を引き、それを通して、あの母親のセクシュアリティの露出という形で彼女を侵害してきたトラウマから身を引くことができた。しかしながら、それは単なる場所の移動でしかなかった。リラは各自が自ら露わになった裂け目を覆い隠すために彼女が見出したのは、この場所の移動という解決法であった。

分の場所そのものをしっかりと占めるよう要請した。たとえその場所が見せかけ〔サンブラン〕でしかないと彼女にはわかっていたとしてもである。彼女は自分が遭遇した混乱に対して城壁を築こうとした。裁判官になるというのは、父親の失墜に対する彼女の返答であったのだ。しかしながら、こうした選択が彼女の唯一の避難所になると決まったわけではない。なぜなら、この娘は彼女に近づいてくる若い男性にもう無関心ではなくなったからだ。

〈原註〉
＊1　Lacan J., «Conférence à Genève sur le symptôm», *Le Bloc-notes de la psychanalyse*, n° 5, p. 11.
＊2　この症例は初出時に次の題で発表された。«Des Vases communicants», *La Cause freudienne*, n° 44, p. 117-121.
＊3　ラカン『転移』（下）九頁。
＊4　前掲 Lacan J., «Conférence a Genève sur le symptôm», p. 14を参照。
＊5　Lacan J., «Note sur l'enfant», *Autres écrits*, p. 373.
＊6　ラカン『対象関係』（上）二三六–二三八頁。
＊7　Lacan, J., «Subversion du sujet et dialectique du désir dans l'inconscient freudien», *Écrits*, p. 817.
＊8　Lacan J., *L'Angoisse*, p. 90.

〈訳註〉
†一　心的装置に体験が最初に書き込まれること。
†二　éclamousse は éclabousse（はねかける）と mousse（あわ）を合わせて作った造語である。
†三　原語は dénégation。抑圧されたものを否定する形で口に出すこと。
†四　reprendre（再び取る）を縮めて r'prendre と言っている。一種の言い間違いであるが、ガブリエルのララングのひとつと言える。
†五　原語は demande。用語解説「欲求、要請、欲望」を参照。

†一六　前者の身体のジュイッサンスは「食べる」ことのジュイッサンスを、後者のシニフィアンのジュイッサンスはララング的な要素を持つ言葉の表現によって得られるジュイッサンスを示している。

†一七　原語 la croix はこのバツ印以外に、「十字架」「苦難」「勲章」などの意味がある。

†一八　ここは文脈的に自然な言い回しとしては「ils（英：they）彼ら」と言うべきところであるが、リュシーはそれを「on（英：we）私たち」と言ってしまっている。この言い間違いは彼女の「無意識の欲望」を露わにしている。

†一九　ラカンは、「何も食べない」という表現を「〈無〉を食べる」と読み替えている［ラカン、前出『対象関係』（上）二三七頁］。

†一〇　ラカンは、「欲望の原因」として口唇的対象、肛門的対象、まなざし的対象、声的対象、および無的対象を挙げている。ここでは、食事とパロールの拒否が同時に出現したことから、等値関係にある口唇的対象と声的対象において無的対象が出現したという仮説が立てられている。用語解説「対象 a」を参照。

†一一　この節の表題に示されている「遮蔽想起（souvenir-écran）」とは、かつて出会った現実に関する記憶痕跡をもとに変形され、想起された無意識的なファンタスムのことを言う。

†一二　陶製の小さな人形。ガレット（パイ菓子）の中に入れられており、公現節（一月六日）に家族でガレットを切り分けて食べて、フェーヴ入りのガレットが当たった人は王冠を被り、祝福されるという風習がある。

†一三　フランスの中等教育後期。日本の高校に相当する。

†一四　原語は semblants。象徴的なものと想像的なものによって作られた「見せかけ」のことであり、ヴェールとして現実界を覆う。

Ⅲ　愛の傷

様々なカップルが生まれては消滅し、さらにまた新しいカップルが生まれる。長く続くカップルもあれば、続かないものもある。そうして回転木馬は回っていく。今日ではパートナーが替わるというのはありふれたことで、別れ話も日常茶飯事なので、さして重要な意味も持たず、痛みも伴わないものだと思われてしまうかもしれない。だが、別離によって見捨てられ、傷ついた人々を受け入れる分析家にそのような感触はない。患者たちは愛の破局の乗り越えられない外傷的な姿について〔分析家に〕述べる。こうした破局は往々にして、彼らが分析を要請するにあたって持ち出してくる理由の一つであり続けている。患者が破局のすぐ後にやってくるにせよ、あるいは少し経った後にやってくるせよ、この傷から立ち直れないという場合、それは捨てられた者のしばしば深いナルシシズム的な損傷を物語っている。打ちひしがれ、やつれ、貶められ、もうこれ以上苦しみたくないと思っているにもかかわらず、患者はしがらみを手放そうとしない。この状況が不条理だということ、自分が矛盾にぶつかっているのだということはわかっている。つまり患者が苦痛に結び付けられたままでいるのは、同時にその苦痛が、彼を恋愛関係に繋ぎとめているからだ。この失った恋愛関係以外のものは取るに足らないもの、というわけである。患者はこうした苦しいパラドクスを抱えた状態で分析家を訪れるが、彼らは分析家にこれを解消することを要請する一方で、そうならないことを望んでもいる。

男と女の仲がそう簡単にいくものではないということ、これは大昔から知られていることだ。片方が好意を寄せればもう一方の愛が冷めるということもある。シンメトリーな関係というのが世の常であるわけではないのだ。

最初にあるのは母の愛、欠如、そして不満足である。母の現前と不在という単純な繰り返しから、主体は母が自分とは別のものを欲望しており、自分はその欲望を満たすことができないでいるということに気づかされる。欲望の対象は取り返しのつかないまでに失われており、まったくの幸福というのはありえない。こうして愛の冒険が始まる。

原初的な裂け目についてのこの最初の認識は、やがて母への到達が単に不可能であるだけでなく、禁じられているものであるという発見によって強化される。近親姦の禁止が原初の法であり、全ての法の起源だとすれば、それはまさに近親姦が最も根本的な欲望であるからだ。ラカンはこの命題がいかにして逆転しうるのかを示している。すなわち、対象はそれが禁じられているがゆえにこそ欲望を引き起こすのである。欲望と法のあいだの関係は、欲望の構造そのものにおいて本質的なものである。*1

母の王国から追放され、主体は自分に満足を与えてくれる別の対象を我が物とするべく歩み出さざるをえない。愛の対象は失われた対象の代替物でしかないのであり、それが主体の欲望と完全に合致するということは決してないだろう。

対象を探し求めても、そこに到達することは絶対にない。これは確かに欲望の原動力である。失われた対象は、無限に横滑りし続けることで欲望を引き起こす。この狂おしいほどの追及は、それでも愛という概念のうちにひとつの停止点を見いだす。つまり二者のあいだには合一が可能であり、これによって欠如が埋められるというものである。ところが、愛は何も埋め合わせてはくれない。愛とはただ、恋人達のあいだに真の合一が生まれることの不可能性にヴェールをかけてしまうことである。ラカンは、性関係はない、*2という一見謎めいた公式によって、こうしたセクシュアリティをめぐる外傷を記述した。この公式が示すのは、性的な関係においてさえ、各自は自らのジュイッサンスと共に孤独のままにあるということである。パートナー同士が真に一緒になるということはない。二人が〈一〉になることは決してないであろう。完全な一致の可能性などは存在しないのである。既製の知など無いために、主体は各々が構造的にもたらされたこの孤独とこの裂け目にうまく対処するための方法を生み出すより他ない。愛とは本質的に、こうしたことにヴェールをかけるものなのだ。愛による幸福の約束、蜃気楼《しんきろう》、魔法、こうしたものが二人のあいだの真の合一というものの不可能性を覆い隠すのである。

このヴェールの耐久性はあらゆる条件に左右されるが、その最初のものが相互性である。この相互性が生まれるためには非常に稀にしか起こらない一目ぼれが一瞬に訪れ、ヴェールを生み出す必要はない。なぜなら、恋愛感情はただ愛されるということだけで作り上げられうるものであるのだから。これは、愛の奇跡を創造することのできるナルシシズム的側面なのだ。

そうすると、美しい調和が訪れる。サンブラン[†一]や誤解から作られたものであるが、それでも問題はない。愛とは、時として一生のあいだ続くことがあるという蜃気楼なのである。それは、われわれに欠けており、われわれが欲望する大切な対象がパートナーのうちに隠されているのだろうという錯覚に基づいたものなのだ。だが、一方に欠けているものと、もう一方が隠し持っているはずのものが一致するということは起こりえない。「愛とは［……］持っていないものを与えることである」[*3]。この警句によってラカンが提示しているのは、〈他者〉を欲望しながらも主体は自らの欠如の他には〈他者〉に提供できるものを何も持ち合わせていないのだということである。ある主体にとって愛の告白が非常に困難だというのは、それはまさにその告白が自らの欠如を認めることだからである。

愛の道は曲がりくねったものである。幼児期の体験に印づけられ、主体の構造の変化の跡をたどる。ヒステリーでは不満足という側面が優勢となるが、強迫神経症は不可能というものに特徴づけられる。強迫神経症にあっては、しばしば愛と享楽を同一の対象にうまく結び付けることができない。つまり「彼らは愛するところで欲望することができず、欲望するところでは愛することができない」[*4]のである。なんというギャップだろうか！　精神病的主体が自らの感情生活を安定させるには、往々にしてこれよりも更に微妙で複雑な道のりを歩まなくてはならない。

しかしながら、偶然、多くの要因、幸福な出会いなどが組み合わさることで二人の無意識が愛によって引き合わされることがある。これによって二人のファンタスムは通じ合い、それぞれが自らの欠如を満たしうる対象を相手のうちに探し求めるようになる。愛とジュイッサンスが結びつくようになるのだ、身体の対象や身体の縁といった部分対象を通してである。しかし、われわれは決して〈他者〉の存在の深いところに到達することはない、皆救いようもなく自らのジュイッサンスと共に孤独なのである。全ては欲望の原因となる対象の喪失と関係している。ジュイッサンスの条件は子供時代の最初の諸経験に根を下ろし、固定される。それゆえ愛が破局し、また新しく結ばれていく中で、次々と変わっていくパートナーに付随して、常に同じような特徴、同じような問題点が現れるのである。無意識がこの疲れを知らない反復を止めるには、自らの生活を変えようとするだけでは十分でない。欲動は常に同じような形で満足するのだ。これと同じことが愛についても言える。

サンブランのマスクが砕け散ったとき、愛の破局が訪れる。ヴェールが破れ、それに覆われていたものは失墜し、魅力が剥ぎ取られる。こんな人でしかなかったのね！　別れた相手を理想化すればするほど、振られた側はいっそう卑しめられているように感じる。このように愛の熱情によって、その対象は理想化され、崇高なものとされ、ついには自尊心がずたずたにされるまでに至る。恥は時として深いものとなる。ひとり自らの無能力に向き合い、棄てられた恋人は幼少期の傷、自分の物語の座標、過去の外傷へと送り返されるのである。つまり露わになった構造的欠如、原初的トラウマへと。喪の場合のように、欲望の流れは妨げられる。その愛の対象と縁を切らない限り、愛が再び流れ出すことはない。ここにこそ全ての困難がある。もっとも大切なものをどうして捨てられようか？　愛とは、この点で症状と同じ構造をしている。[十二]

のちに、愛の対象がついに手放されたときでも、主体がはみ出し者（laissé-pour-compte）という立場に執着することも珍しいことではない。そうした主体はもう愛してはいない。だが一生見放された者であり続ける。孤独についての嘆き、そして魂の伴侶を見つけること、ついには家庭を築くことの不可能性についての嘆きがどれだけ繰り返され、あるいは発せられたことか！

なぜなら、われわれの時代のこうした全ての苦悩、障害そして社会の激動にもかかわらず、二人で生きることは、〈他〉の性（l'Autre sexe）とうまくやっていけない人々にとってもやはり、近い将来の理想であり続けるからである。

謎の女アナ

謎めいた女性。アナは他人のまなざしのうちに自分自身をそうしたものとして見ることを好んでいた。沈黙が、彼女の謎をより深いものにしていた。こうしたひそやかな悦びは苦痛の色を帯びていたが、それは彼女の感じる空虚さにかかるヴェールであった。彼女は、謎の背後には見るべきものなど、話すべきものなど何もないと、自分自身を無知で役立たずな、実の無い人間だと感じていた。「からっぽの袋」だと。アナはこの苦しい空虚にとらわれており、それが彼女に謎めいた感じを与えていた。ここにはパラドクスがある。そしてそれが彼女を引きずりこみ、分析へと向かわせた罠であった。

致死的な同一化

彼女は大きな愛の痛手から立ち直れず、このことが分析家との出会いを早めることになった。愛していた男が他の女のもとへ去っていったのだ。傷は深かった。彼女が愛していた男による裏切りは解釈として機能した。この男は、アナが自分の空虚と呼ぶ、存在の欠如を覆い隠していた謎を暴いてしまったのだ。アナはその正体を暴かれ、地に倒れ、力なく辱められた。以来、捨てられたという深い感情が彼女の心を占めるようになった。そしてこれは、幼年時代から経験していた不満と共鳴するものであった。アナは泣いていた。二十歳で自殺した叔母の運命を辿り直しているのではないかというのだ。彼女はこの叔母に魅了されていた。

家族が敢えて語ろうとしないこの女性の死は、彼女にとって長いあいだ謎であり続けていた。分析によって、アナの謎はこの女性への同一化から来るものであることが明らかになっていった。自分の親族にあっては、死んでしまうことで初めて悔やまれ愛されるのだということを、アナは確かめえたのである。認められるということである。つまり、生きるためには死ななければならない。この娘の自殺願望は、こうしたファンタスムに糧を得たものであった。

分析は迅速な鎮静化をもたらすことを期待されるが、これはしばしば治療の初期に起こる。自らの不調について話すことで和らぐのだ。しかし同時に、分析は主体がそれによって自らの境遇を堪え忍んでいる神経症的な仕組み《アジャンスマン》に混乱をもたらす。アナのパラドクスはすぐにそれによって露呈した。自分が知るべきではないこと、すなわち叔母や、もっと遠くの祖先達の明かされぬ死に関する秘密、さらには両親の関係についての秘密について探し求めてきてしまったことについて、この娘は罪悪感を抱いていた。この謎は彼女にとって、主要なシニフィアンであると同時に、自分の身を飾る衣服でもあった。アナはこれを暴きたいとも思っていたが、またこれをそのままにしておきたいという欲望も抱いていた。この対立は分析の中心にあり、その作業を困難なものにしていた。彼女が分析家に想定する知がこの症状と直接対決するものであったために、それはなおさらであった。アナはいつも知を想定した主体に語らせ、自分は注意深く沈黙を保った。ここでは、分析的な枠組みがアナに口を開くよう促し、彼女のこうした戦略を妨げた。このためにこそ彼女は分析家のもとを訪れたのである。

謎の背後にいたのは「捨て去られた女」である。この表現は彼女を恥の感情でいっぱいにした。独身であることは恥ずかしい印となり、自分の欠如を表わすシミとなった。これを人に見せないためにアナは表に出なくなってしまった。屈辱と引きこもりである。

多くの友人達と同じく、彼女は子供が欲しいと思っていただろう。だがそんなことは自分には認められないのだと、自分には子供を産むことなどかなわないのだと確信していた。彼女自身「まだ出来上がっていない」からだというのだ。彼女は大人になることができないまま年を取っていくように思われた。傷ついた少女の後にすぐに「オールドミス」になるよりほかないのだという。

災禍[十三]

自分の負った全ての傷について、彼女は母を責めていた。二人とも同じように「空虚」であったが、アナが父のように沈黙することを選んだのとは違い、母親はくだらないおしゃべりに興じていた。母は子供達のことも、失恋の恨みから結婚に踏み切った夫のことも直視しようとはしない、嵐のような人だった。彼女は娘に打ち明け話をした。自分の人生はあの時、二十歳の時に味わった悲しみで止まってしまったのだと。それについての喪がなされることは決してなかった。母のこの恐ろしい言葉は父を根源的な仕方で貶めるものであり、子供達に、自分達など母にとっては意味のないものだということを告げる言葉だった。ある日怒った拍子に、アナは母に復讐をした。皆の前で恋人のことを話し、母を裏切ったのだ。だが彼女は知らぬうちに父をも辱めていた。そうして彼女は男からも裏切られることになる。母と同様、父もバネがいかれていたのである。これには彼女もぞっとした。ここにはもうひとつの致死的な同一化があり、彼女はこのつながりをほどかなければならなかった。

母親に向けられたアナの要請[十四]は膨大で、苦痛に満ちたものであった。長いあいだ、分析で語られるのはこうした遺恨にまつわることばかりだった。彼女はいつも母に恐れを抱いていたが、この感情をひどいものに思い、また罪悪感を覚えていた。あるのは怒り、脅し、突然の激昂、叫びといった衝突の記憶だけである。

彼女の最も古い記憶、それは四歳の頃に遡る。夜、子供部屋での祈りの記憶である。母がベッドの足元に跪《ひざまず》きぶつぶつと何か唱えていたとき、アナはひとつ質問をした。返事の代わりに、彼女は沈黙だけをもらった。少女は質問を繰り返したが、返ってくるのは不安に満ちた空虚ばかりだった。母の不在、それは理解不能で、絶対的な孤独を抱かせるものであった。神との会話に専念している母は、子供達の存在しない別の世界に消えてしまったのだ。そして突然祈りが終わるや否や母は怒りとともに舞い戻り、彼女のお尻を激しくひっぱたくのであった。この遮蔽記憶[十五]は治療のうちで繰り返し現れる主題のひとつとなっていったが、この日のことを彼女は、自分が母の王国から締め出され、捨てられた日だとしていた。この日以来、彼女は母に対して、何の説明もなしに叩いてくる怒り狂った暴力に対して、透明な存在となったのだという。ただあの瞬間だけが、彼女のうちで不透明な部分として永久に残り続けるというのだ。アナは返答のない、知から除外された自分の質問に宙吊りになったままでいるのだろう。近づこうとしたがゆえの罰。結局、知というものは〈他者〉のうちにあるものであり、彼女はそこに到達することはないであろう。そして結局、母は戻ってきたが、アナは彼女を許すことをしなかった。制止[十六]、それが彼女の症状的返答ということになる。

　分析において、主体は自分を傷つけたパロールを再発見する。それは何年にもわたってひそかに自分を苛《さいな》み、足枷《あしかせ》をかけ、苦痛をそのままに残しておく言葉である。分析によって、こうした言葉の持つ致死的な影響は失われていった。アナにとってはこうした束縛は、沈黙や母による返答の不在のうちにもあれば、その自分を傷つける言葉のうちにもあるのであった。説明の代わりに尻を叩かれることや、少し後の時期に出会った母の理由なき怒り。こうしたものは、アナが抱いていた母への理由なき恐怖を常に説明するものであった。幼年時代からのことだが、アナの見る悪夢には彼女を飲み込もうとする巨大な波が出てきた。大嵐や津波。海が見せるのは荒れ狂う危険な顔で、逃げ場などないということを彼女に告げていた。沈黙は彼女の避難場所だったのだ。

　こうした全てのことからアナは、「我が子の血を吸い」、常にむさぼり食ってしまいかねない母というファンタスムを構築していたのだった。このファンタスムは、彼女の出生に関わる物語と呼応している。アナの母は出産の際「自分の全ての血」を失ってしまったという話を好んでした。アナはこの話を自分が母を吸い取ってしまった、「母の中身をとってしまった」のだと解釈した。「母の何かを盗んでしまった」。吸血鬼の母親というファンタスムはこの主張を逆にしたものなのである。つまり生まれて母の血を吸い、命を危険に曝《さら》したのは娘の方ではなく、母親の方が貪欲な人喰い鬼のような危険な存在となったのである。「母は私に命を授けた、けれど私はまだ命を受け取っていない」――そう彼女は責めるのだった。まさにこの時、人生の始まりの時にこれは起こった。自分が欲望されていなかったと話すこの娘は、彼女自身貪欲で、認められることを激しく望んでいた。もちろんそれでいながら〈他者〉には何も要請せずにである。

アナは母の愛を確かめずにはいられなかったが、これは分析のうちで反復された。分析家が自分を待ってくれているということを確かめるために分析を休んだり、より良く受け入れられるように消えたりと、アナは愛の確認を繰り返すのだった。彼女はいつも〈他者〉の印を待ち望んでいたのだ。アナが夢見るのは自分を二重化することである。一方では彼女は死んでいて、もう一方では自分の死がどれだけ惜しまれているかを見ようというのである。自分が死ねば他人がどう感じるのかということをアナは好んで想像したが、この時に問題となるのは主に母であった。「母にとって、私は何なのか?」。アナはそう自問するのだった。

分析によって、こうしたファンタスムの全ては、ある「恐ろしく、そして甘美な」記憶に根ざしたものであることが明らかとなった。この記憶は苦悩と幸福を凝縮したもので、分析の要《かなめ》となるものである。

アナには魅惑的であり、かつ根本的なひとつの光景があった。五歳のアナは目の手術を受け、混濁した意識から目覚めようとしていた。周囲は真っ黒だった。彼女には何も見えず、困惑していた。孤独だった。この少女は自分が突然消え去ってしまったかのような感覚を抱いた。主体の消失である。突然、この絶対的な暗黒のうちにあって、彼女は最初は遠くに、次にもっと近くで自分を生に呼び戻す母の声を聞いた。だから母がそこにいたということになる。母がそこにいるということで、アナは不安に満ちた虚無から脱し、気持ちが落ち着いた。自分が陥っていた闇の中で慣れ親しんだ声を聞いたことで、アナは統一感を取り戻し、存在することができた。これはアナが最も克明に覚えている記憶だった。まなざしが消え失せたとき、それは空洞という形で存在していたが、一瞬のち、この空洞に響いたのは彼女を救いに現れ、彼女を生き返らせる母の声であった。この主体にとって声とまなざしは、欲動の対象として優先的なものとなったのである。

〈他者〉の欲望を前にしたアナの沈黙は、それ以来、暗闇のうちの母の声についての記憶への返答として現れた。それは同じジュイッサンスの表と裏である。沈黙のうちでは〈他者〉から消失することが確かに問題なのである。アナは〈他者〉から逃げることで密かにジュイッサンスを得ていた……得られることのないであろう〈他者〉からの認知を期待しながら逃げていたのである。永遠に〈他者〉を待ち望みながら。〈他者〉が到来してしまえばこの神経症的戦略は頓挫してしまっていただろう。ヒステリー者の欲望は不満足のうちに留まらなければならない。というのも、欲望されているのは欲望それ自体だからである。アナが我慢するのは欲望を感じるためであった。これは彼女が幼年時代からよく知っている方法のひとつだった。

母への苦悩に満ちた愛はまた、嫌悪によっても培われていた。アナがそう感じたのは、母が「透けるネグリジェにまとわれた性的な身体を持つ」香《かぐわ》しき「肉体を持った女」だということに気づいたときだった。子供というものはいつも、母親が自分以外のものを欲望する一人の女であるという発見に驚かされるものなのである。往々にして子供は、欲望されているのは父親であると観察し、父親に敬服するより先に嫉妬する。アナの場合、話はもう少し複雑である、というのも父は母に愛されていなかったのだから。その真偽はさておき、アナは母に関する手がかりをもとに、そのように推察したのだ。つまり、以前、母は父とは別の男を愛しており、心は永久にその男に捧げられたままだというものだ。だとすれば、母の欲望は到達不可能なものであるように思えた。

父に関して言えば、彼は娘から優しく愛されてはいても、敬服の対象となるということはなかった。アナの父への愛は、母に欲望されていないということから来る憐憫《れんびん》を帯びたものであった。父は数年前から病いに苦しんでおり、日常にも支障をきたしていたが、そのこともアナのこうした感情を強めるばかりだった。それでも彼女は自分が三人きょうだいの中で父のお気に入りだったことを覚えている。彼女にとって「愛人」だったこの父は「引き立て役」となってしまったのだった。いかに父に失望しているかを自覚したとき、アナは父の失墜が自分の不幸を引き起こしたのではないかという仮説を立てた。「私は特性のない女です」。彼女は好んで言っていた。本の中から気に入って拾ってきたこの言葉のうちに、アナは母に軽視された父への同一化を認めた。母にとって、父は「特性のない男」であった。

「父との繋がりが外れてからというもの、私はもう何ものにも結び付いていない」とも彼女は言っていた。結局そうだったのだ。結局、あの遊離した感覚は自分を捨てた父から来ていたのだ。

幼年時代、父と娘は母に対し共犯関係にあった。アナはテレビを見ている父にそっと近づいて、「子供のように」驚かすのが好きだった。そして、そのまま一緒にテレビを見るのだった。父は突然驚かされることになっても、アナのこの楽しみを拒否したりはしないということを彼女は知っていた。彼女はだから、父を保護するために父を驚かそうとしていたのだ。保護することと驚かすことは、父の不能を表現する二つの仕方だった。アナと同じように、父は恐ろしい母から隠れていたずらをする子供にすぎなかった。このように父親への愛は危険のないものだと思い込んで、アナが同一化していたのはこの父親—子供であった。

不安、欲望、羞恥

分析が明確な形を取るにつれ、災禍をもたらすエディプス的葛藤が明らかになっていった。幼児的諸要因を見通すことで、アナはまず孤立から脱することができた。アナに沈黙を強いたもの、それはまさに男達の欲望であった。「まるで蛇が私の前で鎌首をもたげ、そのまなざしで私を硬直させるようです」と彼女は言った。ファルスと〈他者〉のまなざしが彼女を沈黙させた。しかし、アナが恥ずかしかったのは、とりわけ自分自身の欲望である。

彼女の謎めいた沈黙は、〈他者〉の欲望へのひとつの返答だった。沈黙によって自分の欠如を隠すことができると思い込んでいたアナは、かえってそれを曝《さら》していた。こうした神経症的な戦略は男達を無関心にはしておかなかった。われわれは声やまなざしという欲動の対象がどのように治療のうちで明らかになったかを見てきた。すなわち、〈他者〉を前にしたアナの沈黙は、祈り、そして手術の光景における母の喪失と再発見という早期の二つの時に根ざしたものであった。症状による結び目を認識することで症状は緩和された。

社会生活を再開する中で、アナが惹かれるのは既に相手のいる、他の女性に欲望されている男だけだというこことが明らかになった。とはいえ、そうした関係はそもそも破綻することがわかりきっていたので、あきらめて身を引くことは容易に思えた。アナはいかなる危険も冒したくはなかった。ここで彼女が捨てまいとしていたのは、被害者としてのアイデンティティである。彼女は〈他〉の女、十七 母親のような、結局は見捨てられる女であることに固執した。

禁止され、手の届かない男性に惹かれるのは青春時代からのことだった。アナは最初そうした男性に知を想定するのだが、男にそのいやらしい性的欲望を露わにされると魅力を感じなくなってしまうのだった。結果、この少女は常に男性というものに失望することになった。

永遠の捨てられた女。この立場はアナにぴったりで、彼女はそこで症状に含まれるジュイッサンスを汲み取っていた。

だがアナはファンタスムのうちで常に被害者であったというわけではない。彼女は少女時代、ある遊びをしていたのを思い出した。自分の好きな二人が人食い族に捕まり、どちらか食べられてしまう方を自分が決めなければならない、という遊びである。この判断は難しいものであったが、分析が進むにつれ、彼女はどう判断していたかを明確にしていった。彼女は常に妹を犠牲にしており、妹は食われてしまうという口唇的対象となっていたのだ。こうした作り話はのちの貪欲な母親についての話に呼応している。これはアナと〈他者〉のあいだの鏡の効果であり、それはエディプス的ドラマの主人公を介入させていた。彼女は妹を作るという「過ち」をおかしたことで、父を恨んでいると明かした。父のお気に入りだった彼女は父に裏切られることとなったのだ。アナは治療によって得られた変化を要約する中でこうした発見の重要性を認識した。彼女が抱く感覚は「空虚」から「ぼんやりした」「輪郭がない」「何ものにも繋ぎ止められていない」といった感覚へと移り変わったのだ。彼女は、この一見小さく見えるこうした差異が決定的であることを知っていた。この少女は沈黙のうえで自らを打ち立てていたが、パロールの重要さを見出した。その過程で彼女は、自分にとって何が恥であるかを明確に捉えた。

この感覚は幼年時代の二つの記憶に根ざしたものであった。アナはポールと、そしてチョコレートを盗んだことがあった。彼女が恥じているのは盗みというよりも、明白な証拠にもかかわらず自分の罪を白状できなかったということであった。彼女は自分を追い詰める者を前にして硬直し、無言で、脅かされたままであったが、それは〈他者〉の欲望を目の前にしている今と同じだった。この取るに足らない二つの対象ほど彼女が強く何かを欲したことはなかった。アナは、今では他の男を欲望するように、何よりも〈他者〉の対象を欲望していた。分析家の解釈によって彼女の主体的立場が露わになり、アナがそこから抜け出すことは可能となりつつあった。

三羽のカラスの夢

これは彼女が出口への道を見出すきっかけとなった夢である。「私は三羽のカラスといました。一羽は別の一羽の父親でした。三羽目がやってくると言われました。もっと美しくて見事な羽をもったやつです。でもやってきたのは羽が抜け、痩せ衰えて老いたひどいカラスでした。それは母だったのです……。みんなで丘に登りましたが、そのカラスにはできませんでした。飛べなかったからです。それはあまりに貧弱で遅く、父のようでした。私は、何もしてやれることはないのだと自分に言い聞かせながらそれを見ていました。そして、そこを去ったのです」。

連想によって、彼女は三羽のカラスとは自分自身に他ならないこと、衰えた父親と捨て去られた母親への、自分の同一化に他ならないということを表現できるようになった。そしてこれらの同一化は消えようとしていた。夢はまなざしという対象、同一化、そして基本的なシニフィアンである「voler〔盗む、飛ぶ〕」を——より良く分離するために——凝縮するためのものであった。volerについて、その効力は彼女が失神したときに明らかとなった。アナは子供時代のチョコレートからボール、そして両親の欲望の対象と想定されたものを経つつ、常に〈他者〉から「盗み」たかったものを手放したのである。

美しい羽の背後には、「恐怖のイメージ」が現れた。それは父の不能、父自身の去勢、女性特有の欠如への父自身の関係であった。それを超えて、欲望をそそる「美しい身体（corps beau）〔＝カラス（corbeaux）〕」はその見せかけという地位を露わにしたのである。アナの悲劇的ドラマは不透明性を失い、重みを失った。アナは捨てられた女への同一化の裡に含まれていたジュイッサンスと縁を切ることができた。

夢についてのこうした物語は分析の終結へのきっかけとなった。

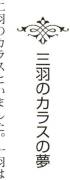

少しして、アナは彼女がたびたび「捨てられた感覚」と呼んでいたものにけりをつけたことを確信した。治療のはじめに彼女を捨てていった男から離れたというだけではなく、とりわけ捨てられた女というアイデンティティから離れたのである。彼女は同伴する男なしに分析家のもとを去っていった。自分の出会った絶対的孤独を引き受けながらも、機会があれば安定した関係を受け入れることに同意できるだろうと確信しながらである。彼女は、あれほど魅了されていた「恐ろしきオールドミス」とはならないだろう。不安は解消した。

エピローグ

何年か後になって、私はアナから一枚の葉書をもらった。彼女は、男の子の誕生と、分析の終結の後すぐに自分の人生に起こった多くの変化について誇らしげに知らせてきた。彼女は住む街と職を替え、子供の父親と一緒に住んでいた。彼女はもう、ある日思い切って私の処にやってきたあの謎めいた若い女性とはまったくの別人だった。

フローラ、分析家、そして小さなノート

中断されたフレーズ。脈絡のない言葉。うつろなまなざし。沈黙、驚き、そして、最後には混乱が口に出される。このカオスの中で、分析家へ向けられた語りにはすでにひとつの空間が生まれており、一呼吸が置かれ、そして最初の整理がもたらされていた。

フローラ[*5]が最初にやってきたとき、彼女は困難で、苦しく、理解しがたいような恋愛関係の中で生きていた。彼女はこの愛を私にうまく説明できなかったが、恋人に対しては、それはもっと酷かった――何も言うことができなかったのだ。「昨日私は……私はもうどうしていいかわからなくて……何も返事ができなかった……それでも、その後で私は満足していたのです――落ち着きのない子供のように……いい加減なことを言わずに、何も答えなかったから……」。

フローラは、こちらもまた何も言わないこの恋人の前で、何時間も黙り込んでいられた。二人の言葉は滑らかに繋がっていかず、これ以上つらい状況はなかった。時々彼女は無理に何か話そうとしたが、そうすると、全てがわざとらしくなった。彼女は率直（sincère）になれないことを恥ずかしく思った。疑念にとらわれて、彼女の生活全体がそれに汚染されていた。

彼女は極めて明晰に、いや明晰すぎるほどに、言わんとしていることと、実際に口に出された言葉とのあいだの差に気づいた。シニフィアンは決して正確に思考を翻訳しない。それは構造的にそうなのだ。だが、フローラはそのことを認められずに、動揺した。なぜなら、彼女は誠実（sincère）でいたかったからだ。こ

の動揺のために彼女は黙り込んでしまった。彼女は長いあいだ、人々が自分を攻撃していると思っていた。自分の方がおかしかったのだとわかったのは最近だった。彼女はそれを「舵取《かじ》り」と呼んだ。彼女は自分に向かって舵を取ったのだ。彼女は自分を表現する術《すべ》を身に付けたかった。だがそれはできなかったし、できたことすらなかった。私達が最初に出会ったとき、彼女は以上のようなことを私に言うことができた。もっと後になって――かなり後だが――彼女は、〈他者〉に当惑させられると大きなざわめきで頭がいっぱいになると説明してくれた。あらゆることが混乱し、彼女はもはや何も理解できなくなった。「話している音は聞こえるのですが、意味も単語も聞き取れません」と彼女は言っていた。言葉の流れをいくつかの簡単な文に翻訳、還元することで、彼女はやっと状況を切り抜けられるのだが、それには多大な努力が必要だった。恋愛の中でそれをすることは耐えがたかった。

フローラは分析家に助けを要請してきた。この症例では、防衛を妨げることも、抑圧を解除することもまったく問題とはならなかった。なぜなら、この娘の苦しみは神経症的なものではなかったからだ。言語の非連続性、逸脱、一貫性の欠如によってこの治療が進むべき道が示された。まずは、分析主体が分析家に示す場所を認識することが必要だった。彼女の指示に従わなければならない、つまり私が翻訳者にならねばならなかったのである。

恋愛関係が破局に差し掛かると、フローラは異世界に迷い込み、仕事も忘れてしまうほどであった。恋人はついには去り、彼女は打ちのめされるのだった。彼女の絶望は、愛情についてというより、むしろカップルとしての関係を築けないということに向けられていた。

セクシュアリティ、この解けない謎

フローラは愛した男のことを忘れ、そして忘れたことを悲しみ、絶えずこの忘却について考えた。つまり彼女は、その男についてもう考えなくなることが悲しかったのだ。彼女は長いあいだ自分の愛の破局について深く考えた。そして破局のために口がきけなくなってしまうのに驚いた。この底なしの謎は希死念慮を伴い、彼女が分析家に力づけられて、この謎をそのままにしておくことを受け入れるまでなくならなかった。すでに彼女は、言語の混乱とセクシュアリティへの問いのあいだにある関係にうすうす気がついていた。

フローラは青春時代に困惑状態にあった。それまで彼女は活発で陽気な子供だったが、ただ失読症だった。女の子は静かなものだという ことに気づくと彼女は落ち着くようになり、そして、女性性の謎の前で当惑した。男の子に対して他の若者のように振る舞うことができなかった。それでも二十歳ぐらいの頃、彼女は、自分を愛する若者に口説かれるままに任せたことがあった。それは気楽で危険がなかった。なぜなら、彼女は彼を愛していなかったからだ。単に、他人と同じようにカップルでいたかっただけだ。そのあと、彼女はフランス語のできない男達との短命の恋愛関係を経験した。彼らとだと言語の心配がいらなかったのだ。今や彼女は、ふいに欲望を感じると、どうしてよいかわからなくなっていた。自分は本当に何かを感じていたのだろうか。彼女はそれについて確かでなかった。フローラは、この不確実さは母親から来ているのではないだろうかと自問した。母親は感情を出さない人だったのだ。母親は子供達を「人形のように」育てた。そのことは友人との比較によってわかった。ある友人が子供に対して自発的に関わっているのを、彼女は驚きをもって発見したのだ。存在の儚《はかな》さがふと露わになった。

フローラは他の人たちが自然にやっているはずのことを、自分がどうやればいいのか学びたかった。ところが彼女の人生は不透明さに支配されており、日常の些細な事柄を行なうのも困難であった。食べること、飲むこと、喫煙すること、語ることなど、口に関することの全てが厄介であった。それはいつも多すぎるか、少なすぎるのだ。「口に関して何かがあって、その使い方の基準がわかりません。誰も教えてくれなかったのです……。でも同時に、基準なんかないということもよくわかっています。決めるのは私ですが、私にはできません」。フローラは「口唇的な」対象をうまく利用できなかった。こうした欠点が恋愛にもたらす結果は恐るべきものだった。

分析あるいは言語の実験室

学習すること――彼女が分析家に要請してきたのは、結局そのことであった。

治療の初期において、フローラはしばしば話の脈絡を失い、言葉が止まってしまい、なす術《すべ》を失っていた。一つの単語もフレーズも口に出せなくなってしまった。時には、話の繋がりを取り戻すために、欠けている要素を取り戻してやる必要があった。言語に継ぎを当てること、より柔軟で丈夫な象徴的生地を織り上げること、これが彼女の分析作業であった。

分析は彼女の言語の実験室だった。分析家の変わらないまなざしは、彼女のパロールを支えるのに不可欠であった。彼女に向けられたまなざしがないと、彼女はシニフィアンの掴《つか》みどころを持たず、まさに浮遊してしまっていた。言うまでもなく、私は彼女を対面で座らせた。寝椅子に寝かせることは、身体とまなざしの放棄をもたらすのであり、誰にでも適しているわけではない。

フローラは言葉を混同しており、言葉のニュアンスがわからない、対比や対立によってしか言葉を認められない、と訴えていた。

周囲の人々の会話は彼女を圧倒した。彼女は何日もずっと、自分を動揺させた会話を反芻《はんすう》し、自分は何を言うことができたのかと自問し、沈黙しつづけたことを後悔していた。対話相手の言葉に吸い込まれてしまい、彼女はもはや考えるための空間を持たなかった。すなわち、彼女と〈他者〉のあいだは十分に遮断されていなかったのだ。

彼女はまたいかなる会話にもついて行けず、仕事もできないまま、数日に亘ってひとつの言葉を探求し続けることもあった。彼女はこの憂慮すべき不在の中に沈み込み、失われた言葉の場所にやって来た空虚によって吸い込まれてしまっていた。彼女は次回のセッションまでこうして宙づりのままにいたのである。

分析家は彼女に対して、失われたシニフィアンを見出し、彼女の言葉が止まってしまったところで自分が耳にしたパロールを翻訳し、彼女と〈他者〉のあいだに必要な隔たりを設けるための援助をした。「なんだ、こんなことだったの」と、彼女はときおり笑いながら驚いてみせるのだった。不透明さが薄れ、不安が弱まった。セッションは、彼女を自身の道へと導いてくれる小さな標石であった。フローラは不思議に思った。ひとたび分析家とともに翻訳すればこれほどシンプルになってしまうのに、なぜあらゆることが彼女にとってあれほど複雑に見えたのだろうかと。〈他者〉を経由すると、霧が晴れたようだった。[18]

この綿密な作業を行なうためには、日常生活のあらゆる分野に関わる困難について、詳細に見極める必要があった。するべきことが複数あると、彼女はすぐに手一杯になってしまうように感じるのだった。同じ日に人と会う約束が二つあるだけで、もうあたふたしてしまうのだ。だが、無為に過ごすこともまったく同じように彼女を惑わせた。買い物をするときに、言わなければならないフレーズを準備しながら、店に入る前に何度もその前を行き来することもあった。時には買い物をあきらめなければならないこともあった。彼女は〈他者〉とうまくやっていくための基準がわからずに苦しみ、一人ではそれを見つけられず、人の真似をしなければならなかった。彼女は、自分は「影響されやすいスポンジでしか」ないと訴えていた。分析家は彼女に、自分自身の基準を創り出すことができるのだと指摘した。なぜなら、自分の指標が欠如しているため、彼女は新しい経験があるごとに新しい参照項（référence）を作りあげなければならず、そのためにくたくたに疲れてしまうからだ。治療においてフローラは、こうした参照項に馴染み、それを我が物とし、後になってそれと似通った状況に直面したときに利用するためのツールを自ら作り出した。

彼女は少しずつ、自分を困惑の深淵へと引きずり込んだ危険なゾーンを避けられるようになっていった。分析家は患者のシニフィアンに注意を払いつつ、彼女とともにそれらのゾーンを採集し、選別し、秩序づけた。分析主体はそれを自分のものとし、〈他者〉と話すための手段とすることができた。つまり彼女は、言語に翻弄されるままにならず、むしろ立場を逆転させ、言語を自分の道具とすることができたのだ。

セッションで何か重要なことを言ったとき、この娘は身体の緊張が和らぐのを感じた。締め付けが弛んだのである。

フローラはリストの作成に取り掛かった。まずは治療で学んだことを忘れないようにノートに記すことから この作業が始まった。次第にリストは日常生活のあらゆる分野に関わるものとなっていった。もっともささやかな予定でさえ、忘れたり関心を失ったりしてしまわないように、書き留めておかなければならないことに彼女は気づいた。それは仕事でも、友人にちょっと電話することでも同じだった。彼女はまた、何かを決定する際の補助にするためにリストを作り、利点と欠点を書き留めた。この操作のおかげで、彼女は他者の意見をあまり必要としなくなった。書き込むことはやがて、彼女にとって必要不可欠になった。書くことはまた、〈他者〉に侵入されないための役に立った。フローラは自分が嫌いな人達の名前を、不愉快な形容句をつけて書き込んだ。すると気が楽になり、彼らについてもう考えないでいられた。日常生活の必要事項についても同じようにした。つまり、以前彼女は、書類に何か記入することやそれを郵送すること、また役所手続きなどの厭な仕事を長引かせるがままにしていたが、しかしそのことが頭にこびりついて寝られないほどであり、またその反動で、うるさく頭にまとわりつく思考によって行動が邪魔されていたのだ。書くことによってそれを少し忘れられ、それから行動することも可能となった。フローラはこのことも書き留めた。

分析によって、彼女は小さなノートを使うこととなった。彼女はそこに周囲の人々とのあいだに起こる困難に関する全てを書き記していた――そして彼女は、このノートをセッションにおいて扱わなければならないと言っていた。このシンプルな書き込みは〈他者〉との関係において一定の距離をもたらし、また彼女が指摘したように、そこへ「ちょっとしたあそび」を導き入れた。やがて彼女は、自分にとって重要と思われる出来事を単に記憶にとどめておくため、またそれに一貫性を与えるために書き留めるようになった。それからは、フローラは常にこの小さなノートとペンを持ち歩くようになった。彼女は「しかるべき振る舞い方」を書き留めた。彼女は書かれたものによって自分の世界の体制を整え、自分と世界のあいだのルールを練り上げ、もう自分を失わないように自分自身の「使用説明書」を作成した。彼女はそれについて分析家に詳細に報告した。書かれたものとパロールは、転移の中で繋がり合った。

彼女のこうした職人的作業は、一貫性の欠けた世界にまとまりを与え、物狂おしい思考のカオスを収拾した。この仕事は彼女がすでに手にしている支持点を明らかにするのに役立った。フローラは、自分を構築するのだと言っていた。こうした職人的作業は最初の支えであったが、しかしそれが中断してしまうかもしれないという恐れはずっとあった。

治療によって得られた言語の使い方によって、今や職業的関係が容易なものになり、彼女は仕事の面でも進歩した。彼女はきちんと仕事ができ、丹念に作業をし、自分の専門分野で認められたのだ。美しい物を作り上げるのが好きだった。彼女は謙虚で、決して自分のことを芸術家だとなどは思わなかった。なぜなら彼女は自分で創造するよりも、むしろ注文をこなすことの方を常に望み、他者の提案に従って作業したからだ。

フローラは、神経症の主体よりも鋭敏に、シニフィアンは〈他者〉に属しており、自分はそれを借用しているにすぎないということを心得ていた。分析を通して彼女はシニフィアンを我が物とし、自分の社会的生活をしっかりとさせた。分析と職人的作業という、彼女が丹精を込めて作り出した二つの確固たる支えが、それ以後互いに結びついたのだ。やがて、彼女は仕事における自分の能力（compétence）について微笑みを見せるようになったが、他方、男性とのつきあいについては、まったく無能（incompétence）だといつも感じていた。彼女はこれまで辿ってきた道を見直してみた。

全てが解決するわけではない

フローラは今とても調子が良いので、恋愛をしてみたかった。彼女にはそれが欠けていたのだ。孤独で苦しいとか、子供が欲しいとかではない。子供を持って何になるのかと不思議に思い、なぜあれだけ多くの人々が子供を欲望するのか驚きであった。彼女は、若くて成熟した女は男と暮らさねばならないのだと自分に言い聞かせ、また「自分の女性性について取り組む準備ができている」と感じていた。セッションにおいて、彼女は身体や私生活、カップルのことなどについて話したかったのだが、それには手が出なかった。それについて何を言えばよいのかわからなかったのだ。

性に関する問いが出るたびに、彼女は口をつぐんでしまうのだった。「そういうことについての基盤が何もない」「空虚の前にいる」ような状態に置かれていると彼女は言っていた。

この娘はまた、何度か恋愛関係を結ぼうとしたが、すぐに流れてしまった。男に対するほんの些細な動揺にも圧倒されてしまうのだった。まだ何も起こっていないときから気が動転し、取り乱してしまい、「実際にやってみること」が怖かった。昔の過ちを反復したくなかったし、相手の中で「自分を失って」しまわないよう注意できるように望んではいた。彼女は率直（sincère）でありたかったし、なぜ惹かれている男に対して自分が考えることの「全て」を言うことができないのかと、必ず自ら問うた。そういうとき、途切れたフレーズ、錯乱した思考、彼女を不安にさせたあの大いなる曖昧さが戻って来るかもしれなかった。だがセッションにおいては、そうしたことはもう決して起こらなかった。そこからフローラは、自分は恋愛を成功させるための鍵を持っていないのだと結論づけた。彼女にはその知が欠けていたのだ。〈他〉の性に向き合うと、つねに深淵が口を開けた。

その口が閉じるのは、彼女がこのうまく行かない恋愛関係を諦めるときだった。悲痛はもうなく、困惑から脱し、自分を破滅させたかもしれない問題に身を任せなかったことに満足した。ただひとつの後悔は、孤独であることと、言いたいことが言えなかったことについての恥にあった。

彼女は少しずつ、カップルなど夢想でしかないという考えに慣れていった。彼女は多くの恋愛映画を見ては、自分は実際の人生でそれらの映画の物語を生きているのだと想像していた。しかし彼女ははっきり「それは理屈のうえでしか可能にならないようなもの」だと言っていた。結局、実際に現実の男という〈他者〉が相手でない場合には、何も問題は起こらないのだった。

四年間の分析の後、彼女はこう打ち明けた。たとえ自分の人生が標準から外れているように見えるとしても――このことで彼女は少し心配したが――一人でいるのが好きだと。〈他〉の性との出会いは解けない謎のままに残ったが、この娘は、以前ほどそれに正面から向き合いたいとは思わなくなっていた。

親や友達がいる今、彼女はこの選択を引き受けることができた。それは誠実で貴重な友人達であった。彼女は自分の望むときだけに彼らと会い、孤独の時間は守っていた。なぜなら、彼女はもう〈他者〉の意のままであるとは感じなかったからだ。フローラはこうした関係を、治療を進めながら織り上げていった。

全てが解決するわけではない。とりわけ底なしの謎の場合はそうだ。フローラは〈他〉の性と折り合いをつけられるための装置を構築できなかった主体の一人だった。彼女は現実界から自らを護るための、つまりただ単に〈他者〉から自分を護るためのファンタスムというスクリーンを扱えなかった。彼女は自らの周囲に対して脆《もろ》く隙だらけで、分析に助けを求めてやって来たときには、この周囲からの危険を感じ取っていた。言語は彼女が迷い込む霧でしかなく、世界との関係は彷徨[十九]（errance）でしかなかった――〈他者〉との繋がりは脆弱だったが、それでも精神分析はフローラにとって貴重な手段となることができた。ここでは露呈させるものは何もなかった。われわれはむしろヴェールを織り上げ、彼女と深淵とのあいだに保護網を投げかけたのだ。それは根気のいる作業であり、少しずつ秩序づけられたシニフィアンの微細な点から出来あがっていた。フローラは素描することができた。彼女は話すことを、書くことを学んだ。そうしたことは死活問題だった。

ある日、彼女は快活な表情でやって来て、これが最後のセッションだと告げた。彼女はそのことについて確信していた。これからは、分析家なしで切り抜けて行けるだろうとわかっていた……しかし、あの小さなノートだけは必要だった。それは彼女の誠実な伴侶となっていたのだ。

休戦

　ボリスは暴力しか見たことがなかった。両親はいつも喧嘩し、ひどい言葉で言い争い、大暴れをしていた。両親が別れてからも、それは何ら変わらなかった。ボリスの父と母はかつて激しく愛し合っていたが、彼らの関係以前より続いていた悲劇に飲み込まれた。二人とも苦しい子供時代を過ごしており、神経が過敏になっていた。夫婦関係は破綻しており、愛は憎しみに変わったが、どちらも夫婦関係を手放すことはできなかった。ある意味で、関係を解消することは不可能だった。この憎しみによって破壊的な関係が続いたのだ。父親の明らかなパラノイアと母親の弱さが、この関係を支えていた。ボリスは少し前から恋愛において窮地に陥っており、それを分析家に訴えつつ、次のような外傷体験を処理しようとしていた。すなわち、父親の狂気が母親を殺しかねず、父親自身をも打ちのめしており、ボリスはその狂気を自分も繰り返すのではないかと恐れていた。

　ボリスは初めて本物の恋愛を経験し、甚だしい混乱に陥っていた。この苦しくも燃えるような愛によって、彼は自分が恋愛対象から離れることができないのを知った。ボリスはもはや食事も、睡眠もとれず、仕事もできなかった。彼の関心は自分を悩ませるこの熱烈な恋愛だけだった。苦悩は抑うつを伴い、彼はせき立てられるように分析を要請した。相手の女性は理想化され、彼にとってなくてはならない全能の〈他者〉の場所を占めるようになった。彼はまた、欠如ということは自分にとって埋めることのできない苦しみの深淵に他ならないということに気付いた。残念ながら、恋愛関係に特有の欠如と欲望とを巡るあの楽しい戯れはなく、ただ耐え難い空虚が露わになっただけだった。

二十歳のとき、彼はまだ深く愛する両親のあいだで引き裂かれたままであった。両親の一方がそれぞれもう一方についてボリスに打ち明け話をするのがずっと続き、彼はどうして良いかわからなかった。ボリスは悲しみに襲われ、世界は悪しきものだと考え、ちょっとした不正でもあると自分が攻撃的になってしまうのを感じた。

不安定な均衡

ボリスは幼年時代にある分析家と出会い、最初の治療を行なった。それによって、彼は両親の破壊的な力に押しつぶされないようにしつつ、両親のそれぞれと生活する戦略を構築することができた。母はずっと以前から男を嫌っており、自分が体験してきた悲惨な体験についてボリスに打ち明けていた。彼は男嫌いの母親が激昂するのに対して、父親をずっと守っていく必要があった。父親は暴力的ではあるが、本当は脆くて皆に軽んじられているのであり、ボリスはそんな父親を尊敬し、その優しさを感じ取らなければならなかった。ボリスは父親が力を取り戻すことをいつも望んでいて、母親に飲み込まれて死んでしまいそうになるのを防ぐために諸々の父親的シニフィアンに頼ろうとした。彼は父親をうまく扱えるようになり、父親との関係において多少は慎重になることを覚えた。父親を怒らせないために、決して逆らわず、そのためには嘘をつくこともあった。「僕は父から良いところだけを取って悪いところは放っておく」とボリスはよく言っていた。

このように父親を利用することで、ボリスは不安定な均衡の中で生きていくことができた。だがセクシュアリティに出会ったとき、その均衡も崩れてしまった。

ボリスの美しい愛はまた、彼が性的不能に苦しんでいるということを明らかにした。最初彼はそんなことは何の意味もないと考えたが、自分に何かちょっとした欠点があるとほのめかされると、この恥ずべき無力に思いいたるのだった。愛する人に失望され、見捨てられるのを彼はとりわけ恐れた。彼自身、本当の性欲を感じたことはなかった。むしろ、愛する女性の腕の中で慰めてもらいたかった。しかしながら、その女性を満足させよという超自我の命令からはいかにして逃れられるだろうか。

「僕はもっと愛情がほしい。いつも誰かから愛していると言われたい。一人にされるということなど想像もできない」と彼は言っていた。自分が孤独に耐えられないのはよくわかっていた。なぜなら物心が付く頃からボリスは、自分に弟がいればいつでもそばにいてくれるという望みをかなえてくれるのに、とずっと嘆いていたからだ。そもそも一度も会ったことがない誰かが欠けていると感じるのは不思議なことに思えた。この謎によって彼はひどく困惑した。弟がいれば、セクシュアリティに関係なく確かな愛が手に入ったのだろうか。

ボリスは、この完璧な女性は自分につりあわないと感じていた。彼女のほうは、ボリスを不安にさせるような不思議な理由から彼に関心を持っていた。彼女のほんの些細な指摘や冗談にも彼は動揺し、彼女を失い、その結果自分自身まで失ってしまう恐れに直面させられた。

この熱烈な愛に終止符を打ったのは彼のほうであった。すばらしかった恋人は恐ろしいものに変わり、彼は攻撃性を爆発させてしまい、大混乱に陥った。その後、彼は恋人と別れた。愛は憎しみへと変わった。こうしてボリスは、両親と同じ運命に行き着いてしまい、彼はそのことにぞっとした。

彼はすぐに別の女性に夢中になり、数ヶ月のあいだ治療を中断した。新たに満ち足りた愛情生活を始められたので安心したのだ。デッサンに身を捧げようと思い立ち、大変うまくいっていた文学研究を突然終わらせた。

彼は幸福だったはずだが、それでもますます調子が悪くなるように感じていた。どうしてだろうと考え、分析に戻ってきた。ボリスはあいかわらずいつも鬱々として、不安に苛《さいな》まれ、疲れきっていた。敵がたくさん追いかけてくる悪夢が繰り返され、圧倒されてしまって彼は眠れなかった。悪夢のひとつでは、彼は狂気に満ちたメッセージを受け取り、追っ手から身を護ろうとして逃げていた。目を覚まさなければと思ったが再び眠り込んだ。このシナリオは、理解不能で脅迫的なメッセージを節目にしてループ状に戻ってきた。このように、恐怖は謎に満ちた反復をなし、際限なく襲ってくるのだった。いかなるシニフィアンもこのシナリオの意味を定着させ、恐怖に終止符を打つことができなかった。

目覚めているときでも不安が続いていた。心気症が彼を苦しめたが、そのことで自我と身体のあいだの奇妙な関係がほのめかされた。セッションはとりわけこの持続する不安を和らげるために役立った。転移によってボリスは避難所を見出し、〈他者〉の好意的なまなざしの下で、自分の身体の統一性を確認することも可能になった。

性的不能の問題は奇跡的に解決したが、それでも彼にとっては新しい恋人を失うことの恐怖が大きな問題だった。さんざんためらった後、彼は毎晩別の女性を欲望する夢を見て、目覚めた時には恥ずかしさでいっぱいになったと告白した。現実の生活では彼は、欲望はするが愛情は感じない女性達といつも関係を持っていた。一方で、彼は崇拝している女性の身体には嫌悪を感じていた。ボリスは自分の性的欲動にすっかり動転させられた。あらゆる女性へと見境なく欲望を向ける一方、意中の人を相手にすると欲望がなくなってしまうのだ。しかし、意中の彼女しか愛していないことは間違いなかった。

ボリスの問題は、ひとつの対象を愛すると同時に欲望することのできないという、強迫神経症者の問題と混同すべきではない。感情とセクシュアリティとを分裂させることは、愛情のエディプス的かつ近親姦的な意味を暗示する、根源的な罪の意識を取り除くことを可能にする戦略なのである。ボリスにはそのようなものはなかった。愛情と欲望とが本質的に分裂しているという発見は、ずっと残酷な響きを持っていた。つまり、彼はただちにその発見を「女性を大切にせず、裏切り、手を上げる父と同じように自分も悪者だ」と解釈したのだ。

彼は、男は皆誠意がなく乱暴だとよく母が言っているのを聞いていた。彼女はこのことを自分の父親、次に自分の夫によって思い知らされ、ひどく苦しめられたのだ。ボリスの両親にとって、性行為は暴力を伴うものだった。彼は、両親の悲劇が自分にも刻印されていると考えた。

ボリスは、少年時代の様々な困難からどうにかこうにか距離を置いていたが、男性として成熟し始めるとそれらがよみがえってきた。非常に幼かった頃は、両親のそれぞれとまったく別々に接し、彼らの良いところだけを見ることで、彼らを愛することができた。彼は、母親の「もの」のままではいたくなかったので、父親を利用していた。そのためには、博識で情熱的だった父親のディスクールに基づいて父をある程度まで理想化することで、父親の持つ狂気や危険性を抑える必要があった。だが〈他〉の性と出会った時、幼年期の戦略は頓挫した。彼の呼びかけは無駄であった。なぜなら仲裁者としての父親はどうしようもなく欠如していたからだ。彼は、父のディスクールの中に自分が同一化できるような特徴を認めたが、それらの特徴はもはや何の役にも立たなかった。彼は暴力を自分自身に向け返すことでそこから逃れようとした。彼は時々自分を握り拳《こぶし》で殴っていたのだ。このような暴力を止めることができず、ボリスは自分が父親のような精神異常者となってしまうのではないかと恐れた。

彼は父親のイメージに引きずられていたが、実はそれが大変危険なことなのだ。今や、父親の問題を扱うに際してひとつの違いを強調しなければならなくなっていた。つまり、ボリスはひとつの責任を負っていて、それが分析を要請する動機になっていた。一方、父親はいつも過ちを〈他者〉のせいにしていたのである。分析家はこの問題について介入し、彼に重くのしかかる同一化を和らげ、健全な距離を保てるようにした。

精神病の危機

大抵の子供がそうするように、ボリスはまず母親が欲望する対象であるファルスに同一化した。次のエディプス段階は母を禁ずる法の導入によって印づけられるが、彼はこの段階を乗り越えることができなかった。この決定的な段階は、母親が父親のパロールに価値を認めるときにのみ実際に可能になるが、この症例の場合、それはまったくあてはまらなかった。ボリスにとって、禁止は象徴的なものにはまったくならなかったのだ。両親の別離は、単に彼らとの身体的接触がまったくなくなったということにすぎなかった。だがそれまで優しく扱われていたのにもかかわらず、それがなくなってしまったので、現実的な両親の不在がますます彼を脅かすようになった。

精神病についてのセミネールで、ラカンは〈父の名〉のシニフィアンを、全てのシニフィアン的構造を支えると見なされる特権的シニフィアンとして強調した。シニフィアン的構造抜きでは「人間的な意味の秩序を確立できない」[*6]のだ。このシニフィアンは、父性隠喩の作用により成立し、無意識に現前する現実界、想像界、象徴界という三つの次元を結びつけている。子供にとっては〈父の名〉は、母親が来てくれたり去ってしまったりすることによって謎となった母親の欲望に取って変わり、その知られざる意味作用に鍵を与えるものである[†一〇]。その隠喩の作用が起こらない場合、〈父の名〉は排除されたままとなる。そして無秩序に現れたりいなくなったりする原初の〈他者〉の気まぐれを妨げようとするものはなにもなくなり、それとともに〈他者〉は自らの全能性を保持するのである。

こうして、ボリスは母親のファンタスムの対象の場所にとどまっていたので、男性として生きる手前で途方に暮れてしまったのだ。母親から正当に認められず、その一方で自身も法を軽んじる、そんな父親からはいかなる承認も得られないであろう。父親のパロールには何の価値もなかった。ボリスは、諸々の父親的シニフィアンに支えてもらおうとして色々試みたが、袋小路に陥ってしまった。男性について母親が言っていたことが、ボリスの陥った罠をさらに深いものにした。「男は皆、父のように全ての女性を欲しがるだけで女性を大切にはしなかったので、悪い。僕も父のように全ての女性を欲望しているから、悪い」。

ボリスの性的不能、そして欲望と愛情の分裂、〈他〉の性と出会うことの困難を前にした乗り越えがたい不安は、セクシュアリティの現実的な恐怖と出会ったことに対する返答にほかならなかった。欲望することができないボリスにとっては、性的行為そのものが危険だということが明らかになった。彼と象徴界との結びつきは大変脆かった。最初に恋愛をしたときから、選んだ相手に激しく執着してしまうことがそれを証明していた。彼の選んだ相手は、彼自身の紛れもない分身であり欠如を埋めてくれるはずだった幻想の中の弟が複製されたものだった。

生きるためにはどうすればよいか。多くの困難や不確実なことに対していかに戦うのか。何か意見を持つにはどうするのか。「自分はまだできあがっていないのです」。自分の考えを述べるのに、他人の発言を拠り所にする必要があったことを思い出して、ボリスはよくそう言っていた。彼はひとつの理論を作り上げた。子供の頃、彼はいつも両親の矛盾した発言を相手にしていた。彼にはどちらが正しいのかまったくわからなかったし、真実がどこにあるかもまったくわからなかった。彼はいつも、両親の一方から身を守るためにも一方を利用した。それで彼は困惑しきってしまった。

それ以来、彼は自分にとって重要な人達の意見を注意深く聞くように努め、それからその意見を自分のものにする方法を探した。このような、永遠に続き非常に疲れさせる想像的な埋め合わせをすることが必要なのだということを、彼はかなり正確に話した。この埋め合わせをしやすくするために、ボリスは「親切な人と悪い人」を完全に二つに分類しようとした。子供の頃にはそれはとても困難なことだったのだ。

彼はこの新たな分類によって、身の回りで起こりうる暴力に立ち向かい、また自分自身の攻撃性を抑えようとした。それは微妙で危うい作業であった。なぜなら迫害は決して遠くないところにあったからだ。

この主体を圧倒する致死的なジュイッサンスをくい止める必要があるのに加えて、それからは彼の悲劇に、別の形のより平穏な答えをもたらしうる拠り所を彼とともに引き出していくことが分析家の責務となった。

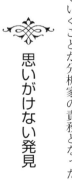

思いがけない発見

ボリスは文章を書くようになったし、デッサンに夢中にもなった。転移によって危険なものから守られた道が開かれたので、彼は今ではそこに、治療の中で抽出され、彼の人生において欠かせないものとなったこれら二つの領域を結びつけて、踏み込んでいけるようになった。彼の書いた文章は彼が周囲の世界と結んでいた苦しい関係を映し出しており、それに彼がどれほど耐えていたかが彼の文体によって察せられた。彼の言葉遣いは換喩に支配され、ひとつひとつの言葉が次の言葉に続いていく様は綱渡りのようであった。そこでは、そういった言葉の発音が並べられることで詩的な効果と意味が生じていた。ボリスがインスピレーションを表現するには、言葉を直接イメージと結びつけるしかなかった。彼が漫画を描くようになったとき、この問題が解決された。その後、彼が現実的なものを扱うために言葉とイメージを組み合わせて作り上げたものは自分自身の物語であった。ひとつのヴェールが織り上げられ、それが少しずつしっかりとした生地となった。それによって、彼はかつて出会った恐怖、今やこの創作という手段で変化させるに至った恐怖から距離を置くことができるのだ。精神病的な破綻はすぐそこまで来ていたので、ボリスは分析家に支えられて粘り強く作業を行ない、シニフィアンとシニフィエの解離する危機が迫る中、それらを調和させた。現実界、象徴界、想像界を再び結びつけるための大変独創的な構築がなされ、その結果、シニフィアンとシニフィエの連続性を回復することができた。ボリスは自分の人生における混乱を物語に変えたのだ。

　この解決を、分析主体は自分の身の丈に合わせて作り上げた。それ以来、彼が自分の怒りだと見なしていた発作が起こらなくなった。彼は自分が脅威を感じる相手に「こちらは武装している」と言っていた。「言葉とイメージで武装している」と皮肉を交えつつ、彼は付け加えた。「文章を書いたり絵を描いたりするようになって以来、怒りが自分自身に向けられることがなくなった。それは物語に変わった」。ボリスに宿っていた暴力は、こうしてシニフィアン的鎧《よろい》となったのだ。

　父性隠喩やエディプス構造は神経症を決定づける。だがこれらを自らのものとしていないような主体に対処するための新しい展望を開くことがラカン最晩年の教育活動であった。『サントーム』[*7]のセミネールで、ラカンは現実界、象徴界、想像界を結びつけるのに〈父の名〉以外の解決法もありうるということを明らかにした。そうした解決法はいつも特異的な創造を必要とするのだが、分析的治療はそれを支えることができるのだ。

　分析家は、ボリスの分析作業において詩的な次元を認め、彼が物事を妄想的に解決することを抑え、意味よりもシニフィアン的な創作に価値をおいた。そして、その後彼が世の中で落ち着いて歩んでいくことを可能にさせるような防壁を作り出すのを助けた。

　シニフィアンの盾で武装することで、彼は新たな人生を始めることができた。彼はときおり便りをよこしたが、それらは彼が休戦状態を続けていくためには新たな停泊地がどうしても必要だということを裏づけていた。ボリスは両親の苦悩を自分が際限なく繰り返してはならないと考え、〈他〉の性とやっていくことの困難に対処しようとして分析にやってきた。彼には両親の苦悩を示す外傷的な印がずっと刻まれていたのだ。治療によって、彼は言葉とイメージのあいだにあの新しい結び目を作り上げるよう導かれた。この結びつきは、セクシュアリティに関する苦痛から彼を完全に解放させるには至らなかったが、彼の人生をそれまでとは別の方向へ導いた。

ボリスの受けた傷は元には戻らなかった。だが精神分析によって、彼は自分の運命を変えることができる新しい枠組みを手にしたのである。

〈原註〉

＊1　ラカン『精神分析の倫理』（上）一〇〇頁参照。

＊2　Lacan J., «L'étourdit», *Autres écrits*, p. 455.

＊3　ラカン『転移』（上）四九頁。

＊4　フロイト「性愛生活が誰からも貶められることについて」『フロイト全集』第一二巻、二三五頁。

＊5　この症例は初出は以下の題で発表された。«Une cure pour rapiécer le langage», *La Cause Freudienne*, n° 72, novembre 2009, p. 11-14.

＊6　ラカン『精神病』（下）七二頁。

＊7　Lacan J., *Le Séminaire*, 参照。

〈訳註〉

†一　七六頁の†一四「サンブラン」を参照。見せかけのもの。想像界と象徴界から出来あがっている。

†二　主体は症状からジュイッサンスを得ているため、なかなか症状を解消させようとしないが、それと同じく、愛の対象もジュイッサンスを得られる対象なので、なかなかそれを手放せないということ。

†三　この節の表題「災禍」（ravage）は荒廃をもたらす関係のこと。ラカンは例えば、母親と娘との関係が「災禍」であるなどと述べている（*Autre écrits*, p. 465参照）。

†四　要請とは愛の要請である。用語解説「欲求、要請、欲望」を参照。

†五　七六頁の†一一「遮蔽想起」を参照。

†六　原語は inhibition。不安や葛藤を避けるために、それを引き起こす活動が主体にとって無意識に制限されること。

†七　四二頁の†四「〈他〉の女」を参照。

†八　ここまでの議論では二種類の〈他者〉が使い分けられている。彼女に侵入してくるのは、距離を保てず、彼女を飲み込もうとする〈他者〉で、迫害的で苦しいジュイッサンスをもたらす。一方「〈他者〉を経由すると、霧が晴れたようだった」という文における〈他者〉とは、治療における言語化を指しており、それは距離を保て、信頼できる〈他者〉である。

†九　精神病者には〈父の名〉というシニフィアンの網の中での留め金が排除されているため、シニフィアンの中を際限なく漂流してしまうということを指す。

†一〇　用語解説「父性隠喩」を参照。

Ⅳ　死と喪

まず混乱があり、理解不能となり、そしてつぎに苦痛が訪れる。疑念、侵害、狼狽、冷静に戻り、さらに再び無秩序に……。大切な人の死によってわれわれはあらゆる種類の感情に晒される。こうした感情は重なり合い、われわれの困惑をなお深めさせるばかりである。

恐ろしい知らせが届くとしばしば信じがたいという感情に襲われる。たとえその知らせが来ることがわかっていたとしても、やはり信じがたいのである。というのも、死の表象は不可能であり、その代わりに来るのはひとつの穴でしかないからだ。喪失の現実的なものは、そのとき、想像的なものによっても象徴的なものによってもただちに覆い隠すことはできない生々しさのうちに露呈する。大切な人は永遠にいなくなったのだという受け入れがたい考えが、それでも無理矢理のしかかってくる。

喪に服する主体は相反する力によって激しく揺さぶられ、拒絶と強迫的思考、そして忘却のあいだを揺れ動く。それでも少しずつ、愛した人を失ったという確信は強くなる。なぜなら受け入れがたい出来事を受け入れるしか他にやり方はないのだから。抵抗や悲しみや無理解ではどうにもならないのだ。

全ての時代において、人間存在は死という現象にぶつかり、それを理解しようとしてきた。ところで、内省は何 rien の助けにもならず、何（rien）も捉えられない。喪失、それは表象不能な否定的なものなのだ。われわれが近しい人の死に際して出会うのはこの無（rien）であり、それはわれわれを動揺させる。われわれは考えられない事実にぶつかり、喪失の穴が象徴界で覆われ、われわれの苦しみを緩和してくれるまで、その穴を縁取りしようとする。葬式において表明される言葉、時代と文化を通して存在してきた諸儀式、人間性が生まれたことの痕跡を示す墓所、これらの全ては意味の外にある出来事を象徴界によって着飾らせ、むき出しのままにさせないようにすることに使われる。

フロイトは、喪の作業は「細部に渡って」[*1]、ひとつひとつの特徴ごとに、故人と結びついた思い出のそれぞれを介してなされなければならないと強調していた。この作業は、愛する人への同一化を含んでおり、われわれと故人との繋がりを、まさに別離の切断を象徴的に繰り返すことによって保存させてくれる。ところで、われわれが失った者はわれわれのうちに存在し続けるとしても、その人はまたわれわれがその人なしで生き続けているということを日々思い起こさせる。つまり、その人を存在させるということは、以後その人を永遠に生者とは切り離して存在させるということなのだ。この考えは耐え難いものでありながら、同時に必要なものでもある。この試練に伴う夢や悪夢は、最初拒絶された現実を受け入れることに貢献する。

喪の苦しみは、不可能となったがゆえにますます貴重なものとして現れる対象を諦めなければならないところにある。その人は何にもまして大切なものとなり、外の世界は価値のないものとなる。失われたものは二度と会えないものとなることで、欲望の場所をそのままに体現するのだ。欠如はそれまで欲望の運動を引き起こしていたのだが、その場所を占める失われた対象によってふさがれ、欲望の無限の横滑りは中断される。

愛に関してすでに論じたように、われわれに欠如しているのは、そしてわれわれがこの欠如を自分のものと感じているときに欲望に導くのは、愛された人の彼方で、その人のうちに隠されている貴重な対象である。喪において対象の容器は消失したかのようであり、欲望を引き起こす対象を宿し、支える人物はもはやいない。〈他者〉における構造的で修復不能な欠如は根源的な形で白日に晒され、いかなるまやかしも幻影もそれを隠すことができない。そしてもはや何も欲望を引き起こさなくなると、欲望は消滅する。

喪の作業は時間を必要とする。なぜなら、それはためらいとパラドクスからできあがっているからだ。主体の一部分は故人から離れてもう苦しみたくないと思うが、他の部分は故人に執着させる苦悩から自らを引き離すことを拒絶するのである。こうした板挟み状況はひとつの選択を余儀なくさせる。つまり、失われた対象に同一化したまま、その対象を捨てないことだ。そうするとそれは永遠の服喪となる。さもなくば、諦めることである。ほとんどの場合、このプロセスは欲望の裂け目が再び現れるまでゆっくりと進行する。

喪の作業の終わりには、大切な人は輝きを失い、ナルシシックな魅力をそぎ落とされ、思い出のひとつとなる。そうすると、欲望の横滑りは自らの無限の行程を再び進むことができる。

それでも、ある解消できない残余がそこにとどまり続ける。主体が完全に捨て去ることのできない貴重な結びつきを保っている消去不能な痕跡である。

ある種の状況は喪の作業に適していない。それはこれから提示されるいくつかのケースにおいて見ることになろう。これから取りあげられる主体のそれぞれに固有な理由から、喪失のときに象徴化されなかった何かが、彼らの後の人生を侵害しに戻ってくるのだ。

勇敢な少年、リュ

母親は深刻に語っていた。彼女は遠くの国からやって来た。その不幸な国では、ある日夫が失踪してしまった。夫は軍医であり、子供たちの末っ子が一歳のとき、政治的な理由から逮捕された。それから夫が失踪するまでの二年間、妻と子供達は定期的に刑務所を訪れていた。長期間にわたる捜索にもかかわらず、「失踪者」という言葉以外の知らせは何もなかった。秘密裏に死刑が宣告され、執行されたのに違いない。あの混乱の時期にはよくあったことだ。この失踪にはずっと疑惑の色合いと秘密がつきまとった。この父親についてはもう口にされなくなった。

その後、［家族は］何度か船によって逃亡しようと試みたが、全て失敗に終わった。結局、長期にわたる奔走の後、家族はフランスにたどり着くにいたった。私が次男をつれた母親に出会ったのはその一年後であった。母親はそれ以上何も言わなかった。彼女はそれでも、分析家にこの話をすることを選択することで、最初の解釈を提示していたことになる。自分の話と幼い息子の症状とを関係づけたのだ。症状とは、息子がつねに一人きりであり、友人を作ることができず勉学も困難だということだった。彼はそのとき九歳だった。

解釈を急がないこと

リュは国での幼年時代についても父親についても何も覚えていなかった。知って驚いたのだが、彼は母親から数日前に聞かされた話までも忘れてしまっていた。私は彼がよくわからない理由から忘れてしまった母親の言葉を、大切に控えて記録しておこうと決めた。

最初のセッションで、この子は暖房の備わっている孤立した空き家を描いた。この描写にはひとつの注釈がつけられた。「一人きりでいる男が「見捨てろ」と思っている。彼には妻と数人の子供がいたが、彼は皆から見捨てられた」。知られざる知が浮かび上がってきたのだ。

リュが何も言わないまま描画のすみに素描したこの空き家は、ライトモティーフのように繰り返して戻ってくるようになった。このひっそりした家はただそのまま父親の不在を、そしてその空虚感は逆に父親の現前を思い起こさせた。家はそれぞれのセッションにおいて父親を表象するための記号であった。これは確かに不可能な喪ではあるが、分析家との最初の出会いから転移に組み込まれていたのだった。

反復する短い悪夢も治療に伴って見られるようになった。それは、リュが溺れかかっている夢である。

セッションの中心は、描画とそれに続く話によって長いあいだ占められていた。そうした話のテーマは、変化しながらも戻ってきて、つながり合って合流した。例えば、道に迷った子供がしばしば自分の母親と想像上の父親[†1]を探しに出かけるのだが、その父親は交互に悪者と英雄の様相を呈したのだった。子供は数多くの困難に遭遇し、自分の道を見いだせないままに川や森を渡り、国から国へとさまよった。時には、場合によって狩人であったり泥棒であったりする一人の男がやって来て彼を助けた。恐怖はつねに予期したとおりに引き起こされた。悪人どもは時が経つにつれますます姿を現すようになり、世界中の警察に捜索され、最後には悔い改め、盗品は貧しい人々に配られた。もっと後になって、この男の子自身が禁を破って危険にさらされたが、うまく救われた。やがて彼は父親を助けられるようになった。この子はそこから、命を賭けて、世界中を回り、有名になって父親から認められ、自分の国に英雄として戻らなければならないのだと結論した。

治療のこの時期には、リュは優秀な生徒となっていたが、寂しそうで、友人はいないままだった。目覚ましい進歩も彼には価値がなかった。なぜなら、彼にとってはクラスや音楽学校で一番でなかったなら、何の価値もなかったからだ。つまり、彼は自分の物語の中の英雄に値しなかったのである。成績についての要求は進歩とともに増大していき、彼はまったく不満足のままに残された。

ひとつの描画とその注釈によって、この子が構築していた円環が壊されることになった。最初の家はつねにそこにあったが、床に秘密のトンネルが作られ、奥に向かって行った。「一人の少年が武器を発明するために爆発物を探していた。火山の上で軍隊に売るための爆弾の材料となる貴重な物質を見つけた。彼は一人で生活し、友人はなく、学校に行かず、夜も眠らず、ただ武器の発明だけに従事していた。彼は作業を終わって学校に戻ったが、自分の秘密を誰にも明かさなかった」。誰のためにこの少年は、自分の発明したものを軍隊に売っていたのだろうか。

母親の話の中では、軍隊のカテゴリーには父親と父の処刑者達が含まれていたということを私は覚えていたが、それに直接触れることは控えた。この若い発明家の攻撃性が顔を覗かせていたが、隠しておかなければならなかった。私は、この若い分析主体には意味的なものは何も与えず、シニフィアンを指摘するにとどめ、それらの両義性を響かせ、孤立させた。こうした扱いによって、それらのシニフィアンは事後的に整理されることが可能になった。

それまでは、別の一連の描画や話が、リュに自分自身の去勢不安に直面するように強いた。それらの描画や話において、様々な形――三本脚のロバ、指を一本失った音楽家、傷ついた男――のもとに、欠如の問いが露わにされたのだ。道に迷った少年が記憶を失い、両親に会えなくなるというシナリオの中で、所有と存在は最終的に出会ったのだった[十二]。

それはリュにとって最初の遮蔽想起を再発見する機会になった。「それは父が戦いに出発する前であり、僕は四歳で、父に会いに来ていた」――彼はこう打ち明けた。「人がいっぱいいた。父は鉄格子の後ろにいて、刑務所のようだった……。一緒に話し合いをしていた。弟がいて、ボールで遊んだ。そして母は悲しそうだった。父に会ったのはそれが最後だった。そのあと父は戦争で亡くなった……。もうボールで遊ばなくなった」。

子供はこのように父親についての無意識の真理を明らかにした。つまり、父親は「刑務所」にいたのではなく、刑務所「のよう」だったのだ。父は戦い、戦争の英雄として死んだのであって――最初に母親に会ったときに彼女が推測したように――処刑されたのではなかった。父親に想定された過ちは、この英雄的な側面に隠されていたのであり、それゆえこのすり替えにおいて明るみに出された。つまり、リュは、彼が悪者や英雄と出会った数多くの物語が示すように、その過ちを引き受けたのである。この抑圧されたものの変装された回帰は、この子の話の中につねに示されている彼の罪責感を明らかにすることになった。それは、彼の父親が有罪であることを告げた「刑務所」「死刑宣告」「処刑」などの母親のシニフィアンに対して、彼が耳を塞いだ論理を理解させてくれた。リュはこれらの言葉を拒絶した。その意味を受け入れることができなかったからだ。父親の名誉を回復しようとする彼の変わらぬ努力は、しかし彼に父親の過ちを指し示すことになった。それに対して彼は「有罪を宣告された者しか救えない、罪ある者しか許すことはできない」と弁護していた。知られざる知が、自らがまとうこれらの様々なシニフィアンを通して、彼に明かされた。

忘却の解消

かくして、欠如の、そして喪失の現実的なものの前に立てられていた防御壁は崩れていった。「僕が国に帰ると誰もいない。家族も、隣近所も、道を歩く人も、誰もいなくてとても寂しかった」。

この夢は、幼少時代の記憶を思い起こさせ、とりわけ外傷的光景を忘却からとり戻してくれた。それは何度も逃亡を試みていたときのことだった。ある日、母親は息子だけを船に乗せた。この子は「船は小さ過ぎてみんな乗ることはできなかった」ということを思い出した。「あまりにもぎゅうぎゅう詰めだった……。船は出航していて、僕は突然母が岸に残っているのを見た……。水の中に飛び込んだけれど僕は泳げず、溺れそうだった。一人の男が僕を助け上げて岸に戻してくれた。母は皆が旅行に出かけたのだと言ったが、僕は国を離れるためだとは理解していなかった。僕は一人きりであり、船の上では知っている人は誰もいなかった」。

リュはこうして海に飛び込んだのだ。この突然の決断は母親のもとに戻ろうとする試みとも、〈他者〉が返答してくれないときにおける精神的崩壊、すなわち「自暴自棄」ともとれた。彼は世界の中で一人ぼっちとなり、母親は彼を救おうとしていたのではあったけれど、彼はその母親から放り出され、もはや何ものでもなくなり、自分自身を捨て去るより他に解決がなかったのだ。彼はこれ以降のセッションにおいて、そのときに彼を圧倒した恐怖について述べた。それ以来、溺れる反復夢は、現実的なものの記号、すなわち破壊的ジュイッサンスの刻印として解明され、消失した。

シニフィアン連鎖の様々な環は解けて外れ、孤立させられることによって、より明確に現れた。国に帰る夢は忘却を解消し、次にこの子を悲しみの支配する領域へと入らせ、悪夢を追い払った。リュはこれ以後、われわれの最初の出会いのときの母親の話を思い出せるようになった。彼は母親に父親の逮捕の理由を尋ねたが、母親はもう話そうとしなかった。彼女の記憶は依然としてあまりにつらいものであり、彼女の苦痛は変わっていなかったからだ。この子はそこから、自分は母親の助けなしで自らの道を歩んでいかなければならないのだと結論した。

この決定はこの子を悲しみから護っていた制止[†十三]から抜け出させるという結果をもたらした。記憶とともに涙の時もやってきたのだ。リュが笑うのをはじめて見たのはそれでもこの頃であったし、つぎにいくつかのユーモラスな表現をするようにもなった。彼は今では友達もでき、彼らとボール遊びをするのが好きだと教えてくれた。父親への最後の面会以来、もうやろうとしなかった遊びだ。彼は、治療のもたらす変化によって作り直されたいくつかの話を通して、新たに生み出された苦しみに向い合った。その中の二つを紹介しよう。

「海難事故で少年が一人だけ助かった。彼はある島に流れ着き、それから長い試練のあとで家に帰った。家では両親が確かに彼であると認めてくれたが、彼はすでに年老いていた」。

「かつて両親に捨てられた少年が道に迷って、眠り込んだ。目を覚ましたとき、一人の女性が赤ん坊の頃の彼の写真を見せてくれた。彼はその女性が母親だと理解し、彼女と一緒にいることを受け入れ、過去を忘れ、現在を生き始める」。

リュは人間的条件の絶対的孤独はどうしようもないことを発見した。「生きるためには耐えられなかったことを忘れる必要がある」。彼は分析を終える決定をするに際してこう言っていた。そしてこう結論するのだった――「今からは将来に向かって生きたい」。

この忘却は、このように命名されるとしても、もう治療の最初の頃の忘却と同じ意味をなさなかった。これ以後は、出てくる記憶の連続をもとに成し遂げられる分離[†十四]が問題だったのだ。

最後のセッションで彼は、「戦争があった国へはどこにでも行き、人々を助ける空軍の若い兵士」を描いた。リュは今では、自分のフィクションの新しいヴァージョンである英雄について語りながら笑っていた。それは不可能な喪が仕組んだ束縛を逃れる人道的なフィクションであった。彼の描画にこれまで描かれてきた家もやはり消失していた。彼はもう父親の場所を想像的に保存することも、父親を理想化することや保護することも必要なかった。

「失踪した」父親の喪に服すること

「失踪」し、いまだ葬られてもいない父親に対して、いかに喪に服することができようか。リュは長いあいだ喪の前段階の所に立ち止まっていた。つまり、愛された対象は過剰に備給されていたので、彼はそれから離れるという段階を乗り越えることができなかったのである。彼はひとつの特異的な道をとり、別の言語を使った。それは分析の道であり、それがまず彼に、父親の去勢との遭遇から自分を護るためのフィクションを構築するよう促したのだ。「刑務所」や「処刑」という言葉を消して、彼は父親の過ち、欠陥を隠した。たとえ「悪者」や「泥棒」などの他のシニフィアンもヴェールの下にその過ちの存在をいつも示唆していたとしても、彼はそうしたのである。この戦略は理想化という方法によって父親を正当化したのだった。

リュは治療に二つの夢しかもたらさなかった。それらはまさに彼を目覚めさせる機能を持っていた。繰り返される悪夢は彼にトラウマの現実的なものの近接を知らせていた。次に、誰も残っていない国への帰還の夢は、二つの決定的な記憶に囲まれており、夢加工が施されていた。これは「父よ、どうして私を見捨てたのか」[†十五]の彼なりのヴァージョンである。

というのも、リュは自分の症状にまで体現させたあの孤独にもかかわらず、決して父親を見捨てなかったからだ。精神分析との出会いは父親を治療の中で存在させる機会を与えた。彼は分析家に「ひとりの父親がいる」ということを言いにやってきた。父親は確かに失踪したが、ひとりの父親がいるのである。彼はそれでトラウマの穴の縁を囲み、自分を押しつぶす苦しみを遠くに押しやるために使った。抑圧と無意識の執拗な自己主張のあいだの微妙な戯れがその作業の全てを可能にし、われわれに解釈を急がないことの利益を事後的に教えてくれた。

リュはこの転換期を過ぎると、「将来に向かって生きる」選択をした。想像的父親への彼の信念はもうなくなった。彼は父親の失墜に出会い、この落下そのもののうちに死んだ父親、つまりシニフィアンとしての父親の姿を認めた。この出会いは必然的にひとつの喪失を伴う。フロイトが去勢という名前で呼んだ喪失であり、それは理想化された想像的父親への信念の失墜を通してやってくる。こうしてリュは父親の象徴的殺害を成し遂げた。しかしながら、この作業は現実の父親が失踪しているときには非常に困難なものである。

無意識は転移を通って、分析家に呼びかける。ここでは「隠す／見せる」という二面性のもとに出現することによって、無意識は忘却の機能を明らかにしていた。この点で、母親の話はまさにこの子に忘れられるということによって意味を持っていた。その時以来、母親の話は分析主体と分析家とのあいだで共有する知となった。ただし、それぞれが違うやり方ではあるが。この知は分析主体にとっては知られざるものであり、彼が父親を利用するための操作を可能にした。分析家もそれに関心を向けて、その知を貴重な道具とした。すなわち、忘却は実際にある欲望を告げ知らせており、それゆえ意味作用とはまったく違った何かを隠していたからだ。悪夢がその忘却を解消するにいたるまで執拗に繰り返されたとき、夢が記憶を取り戻す梃子《てこ》になるとき、無意識は分析のためにも働いたのだ。治療の事後性がそのとき以来われわれに示したのは、治療の導入となった「見捨てる（laisser tomber）」というシニフィアンの一対は、この子が同一化した全ての人物像を含む真の圧縮であり、この一対が症状をトラウマの現実的なものに結び付けていたということである。分析家はこのシニフィアンの一対を転移のシニフィアンとして認めることによって真剣に受け取り、そしてそれをまさに言葉通りに受け取りさえして、分析家はこの子を見捨てたりしないと保証した。

そして最終的にこの勇敢なリュは、将来に向かって、新たなものに向かって、別の道へと歩んでいくことができたのだった。

アリス、人形と亡霊

アリスは美しかった。とても美しかった。だが自分の身体のことになると、どうしてよいかまったくわからなかった。彼女は自分が太っているのか痩せているのかもわからず、つねに過食の発作と拒食のエピソードのあいだを往来していた。こうした異常な摂食行為に苦しんでいたのである。

幻覚的現象

彼女は分析家に自分の症状を打ち明けながら、すでに苦悩の原因についての仮説を立てていた。彼女が十歳のときに父親は亡くなり、彼女はその死を望んだというのだ。父親は酒を飲むと暴力的になり、母親を殴っていた。少女はこの大男が理由もなく怒り狂うのが怖かった。彼女はある外傷的光景のあとで父の死を願ったことをはっきりと覚えていた。父親がアリスの目の前でナイフをかざして母を脅かしていた、という光景である。のちになって彼女は、食べ物を食べまくったり拒絶したりすることで自分の邪悪な考えを自分で罰しているのだと解釈した。この考えが頭に浮かんだのは、幾晩も続いて足音のような物音が寝室のドアに近づくのを聞いてからだった。それは父親が階段をのぼるときの足音に似ていた。足音は踊り場で止まった。やって来ているのは彼だ、と彼女は推察した。この現象は数ヶ月前から続いていたが、彼女が解釈したのはより最近のことである。罪責感は確かにこうした幻覚を生みだしたが、物音は現実のものだというのが彼女の解釈であった。アリスにはそれが聞こえ、父親と同時に狂気によっても実際に脅かされていると感じていた。

何回かのセッションで幻覚的現象は消え、代わりに、それほど不安には感じられない耳鳴りがするようになった。危険は切迫したものではなくなった。この娘は転移[十六]の中に避難所を見出した。彼女を脅かしていた〈他者〉の凶暴性はおさまった。

精神病では、万能性を保持している〈他者〉によるジュイッサンスの侵入の効果として幻覚が生じる。つまり、排除された、象徴界との繋がりをもたないものが、ここでは回帰して来たのだ[十七]。こうした現象は困惑をともなう大きな不安を常に引きおこす。しかしながら、それらの現象は分析において変化しうるものである。対話相手になってくれる好意的な〈他者〉に話しかけられると、それらは謎に満ちた性格を少し失う。アリスはこのように分析家に語ることで、幻聴によって強要された根元的孤立から抜けだした。それらの幻聴はいったんシニフィアンに翻訳されると、もはや純粋に現実的なものではなくなる。なぜなら、象徴的な次元と想像的な次元がそこに加わるからだ。このようにパロールを通過することは解釈を生みだし、たんなる語彙の選択から出発して作られる意味についての仮説を前提としていた。それは転移の〈他者〉を含む最初の結び目であり、同時に〈他者〉をばらばらにして不完全にし、その脅威を弱めた。

アリスは不安を引きおこす騒音から解放され、より静かな日々を過ごしていた。彼女の不安はそれ以後、「追いかけてくる父親から逃げる」という常に変わらないテーマをもつ悪夢に限定された。父は彼女に近づいてくるときに、「私を恨んでいないと言ってくれ」と頼んできた。父親に嘘を言えない娘は、父を憎んでいると答えて逃げた。彼女がどこへ行っても、父親がこの問いを持ちだしてきた。別の場所に行くために窓から飛び降りたときでさえも、アリスは父親の前に出てしまい、父親は怖い目を見開いて彼女を見つめていた。彼女は父親を赦すことができず、恐怖で目が覚めた。父親が彼女を殺そうとしたこともときにはあった。彼女は抵抗し、けっして屈しなかった。

アリスは実際の人生では同じように母親にも困らされていた。母親は自分をいつも太らせようとしている、と母親を非難していた。この臆病で不安の強い、ほんのちょっとした困難にもなす術《すべ》を失う母親は、あらゆる手続きを自分でやろうとせずに子供達に頼っていた。アリスは青春時代のはじめから自分の母親の母親のような立場にいた。子供達に食べさせることのみが、この女性の見出した子供達へ惜しみない愛と思いやりを与えるやり方のようだった。アリスは、母親がむしろ自分の勉強の面倒を見てくれること、住まいの維持以外の事柄に興味をもつことを望んだ。それはむなしい希望だった。母親の家にいると、ときには自分を「博物館の蝋人形のようだと」感じた。

彼女は最近家を出た兄をうらやんだ。兄を自分より才能もあり、頭も良く、母親からも愛されていたと考えていた。妹もアリスから母の愛を奪っていた。

治療はこうして進んでいった。アリスは治療の中で母親への非難と数多くの要求を飽くことなく展開していった。いわく、あまりにも心配性、無気力、優しさが足りない、あまりに偏執的、馬鹿だ、適切な距離を置けない、受け身、無関心、などなど。分析において、主体が何が何でも〈他者〉を変えようなどとは望まなくなることに同意するようになるにはしばしば時間を必要とする。アリスは少しずつ過大に怒らずに母親の欠点に耐えることを学んだ。「兄を抜けば、うちはアマゾネスの家族」だと、ある日、彼女は笑いながら私に言った。

空を満たすこと

アマゾネスの家族だということから男がいない（manquer）と断定するに至るまでは一歩しかなく、この娘はやがてその一歩を踏み出すことになった。治療によって、アリスが父親のものだとみなしたこの欠如（le manque）を掘り下げることが可能になった。父親の侵入は反対のものに変わった。つまり、父親は現実的すぎるものから不在者、いない者（celui qui manque）へと変わったのだ。この娘はいまや、認知されて父親の地位を変えることになった不在に苦しんでいた。父親はもはや亡霊（revenant）ではなく、反対に、帰らない（ne revenir pas）者、アリスがそれ以後欲望することができる者となった。[十八]それはより軽いものになったのだ。分析において生じたこの欠如から、彼女は「いい人だったに違いない」穏やかな父親のイメージを作り出すことができた。彼女は父の長所のいくつかを思い起こそうとした。とりわけ、父が示してくれた彼女への愛情、おそらく子供達のあいだでは一番のお気に入りだった彼女への愛情を。アリスは、父親の暴力的な行動には母親が一枚かんでいるのではないかと疑いさえした。母親の受動性、永遠の被害者という立場が父親の暴力を誘発したのではないだろうか。結局、母親はどうして暴力にただ耐えていたのだろうか。こうして父親のほうに新たに気持ちが傾いていったことは父への憎悪を少しずつ和らげ、同時に死を願ったことの罪責感も緩和させ、アリスは落ち着くようになった。この新しい愛は同一化を通してやってきた。家族の何人かは彼女が父親に似ているとしばしば言ってきたが、彼女はそれを喜んだ。彼女はいつも自分の攻撃的な衝動[十九]を抑えこんだり、異常な摂食行為によってその攻撃性を自分自身に向けたりしたのではあるが、ときおり自分が父親のように暴力的だと感じた。

彼女の過食の発作とそれに続く拒食のエピソードも、母親への返答であった。しばしばアリスは空腹でもないのになんでも食べ、そのあとで、食事時にいつも膨大な量の料理を用意していた母親を怒らせないために無理矢理食べなければならなかった。そうして、自分が飲みこんだもののせいでふくらんだお腹を見てうんざりとし、恐ろしくなり、吐きに行くのだった。母親の食べ物を吐いていたのである。

将来は息が詰まる家から遠く離れたところへ連れて行ってくれる職業に就きたい、と彼女は言った。いくつかの夢がこの家の破滅的な支配力を示していた。それと闘うため、以後アリスは、危険性が弱まって不在となった父親を利用した。彼女がそれ以来自分の疑問を投げかけたいと思った相手は父親であった。なぜ父は不安定だったのか、なぜ父は母を引っ叩いたのか、と。アリスは父が不幸な子供時代を過ごしたことを知った。彼はたいへんに小さいときから自分の父親を亡くし、乱暴な義理の父親に育てられたのである。アリスは父に情状酌量の余地があり、父を赦す理由があることがわかった。彼女はひとつの赦しを与えたことによって治療を中断した。悪夢の中の父親が彼女に嘆願していたときには与えることができなかった、あの赦しである。

何ヶ月かのちに、幻聴のせいで彼女は分析に戻ってきた。ときどき彼女の頭の中に騒音が聞こえ、それは耳を聾するほどであった。最初のうちパロールは聞き取れず、つぎに、何回かのセッションのあとで声が明瞭になり、彼女をなんの役にも立たないやつだと言ってくるのであった。彼女はこれ以上その声を聞かなくてすむように音楽を聴いていた。

この新しい発症には過食の発作がともなった。アリスは「食べまくった」。今回の理由はもう罪責感ではなく、彼女の新しい理論によれば、むしろ父親自身の欠如であった。彼女はこの欠如を埋めるために食べていたというのだ。欠如とは現前の陰画だということであれば、ここでアリスが絶望的に満たそうとしていたのは、むしろ大きな空虚である。

ある日彼女は、その前日に起こったとりわけ不安の強い発作について説明してくれた。それは、彼女が一人きりで家におり、昼食のため静かにキッチンテーブルに座っていたときのことだ。お皿が空になると彼女は耳鳴りをともなう内面の空虚さを覚え、気を失ってしまうのではないかと感じた。増大してくる気分の悪さと闘うために、手当たり次第になんでも食べ始め、恐ろしいことばかり考えながら食料棚と冷蔵庫を空っぽにした。それは、食べるか、さもなくば死んでしまうかという考えであった。しかし、突然現れた兄によって彼女は現実に戻された。兄は、そのとき来るはずではなかったのに外からやってきて、自分でも気がつかないうちに、彼女に侵入してくる現実界を押し戻すことができたのである。彼女を不意に訪れて、致死的な欲動をくい止めたのだ。いつものようにアリスはこれらの食べ物全てを飲みこんだことで自責の念に駆られ、ダイエットを始めた。それは痩せるためでもあり、自分がやってしまったことを自らに禁じ、自らを罰するためでもあった。

　アリスのもうひとつの仮説にしたがって、拒食と過食が母親の「授乳」への返答として現れるとするなら、この返答はまったく弁証法的に把握されていないことになる。この娘は「無」という対象を使って欲望を不満足のまま維持しようとしないし、母親を不能にさせたり、自分に依存させたりしない[†一〇]。口唇的対象をどう扱ってよいかわからず、彼女のジュイッサンスは完全に狂っていた。こうした行き過ぎのせいで彼女は恐怖を抱いた。兄が来ていなければ彼女はどうなっていただろうか。自殺という考えが脳裏をよぎり、恐ろしくなった。

支えとなる知

　私は彼女に、発作が起こるたびに感じることを書きとめ、それから書いたものを持ってくるように提案した。アリスは自分の悲劇的ドラマ、狂気への恐怖を書き記した。彼女は物を書くことが好きで、上手だった。それ以後、彼女は空虚を、食べ物ではなく文字や言葉で満たした。そしてそれらの言葉が転移を経由することで、彼女は落ち着いた。それ以来カバーをかけられたあの空虚の中には、少しずつ幻覚のための余地がなくなっていった。不安は最終的に解消し、アリスは「食べまくる」のをやめた。

　こうして症状が緩和してもなお、この娘の自分の身体に対する難しい関係を根元的に変えることにはならなかった。彼女は太りすぎまたは痩せすぎで、決してちょうど良くはならないのだ。しかし彼女は自分の身体を以前よりも容易に受け入れ、おしゃれをしてきれいになり、女らしさという見せかけのものを本気で信じてはいなかったが、女性性のやり方を守って行動していた。

いまや彼女は、どういう状況で自分が困難に陥るかわかってきた。恋愛関係はそのひとつであった。アリスは自分に興味を示す若者達にいかなる譲歩もしなかった。母親のように支配されることを常に恐れていたからだ。それにもかかわらず、自分に言い寄ってくる男がほかの若い女性と友人関係になるだけで心配になって嫉妬するのだった。しかし、男が自分だけを相手にすると、男が自分をひとつのモノ、「人に見せびらかすためのアクセサリー」として扱っているとアリスは感じた。それによって屈辱を覚え、博物館の蝋人形になったように感じて家で苦しんだときのように息苦しくなった。ひとつの「物[†二]（chose）」として扱われるのが恐怖だった。なぜなら彼女自身がそういう物、そういう人形だと感じていたからだ。アリスは、自分から非常に明晰に説明するこうした困難が自分自身の中にひそんでいることがよくわかっていた。彼女は変わりたかった。自分の摂食行動、恋愛における行動のどちらもうまく調節してくれるものを見出したかったのだ。彼女は自分の学業を通してそれに到達しようとしていた。彼女は教授達に夢中になり、彼らの知を好み、それで自分自身を満たした。この点において教授達はあまり教養のない母親とは異なっており、父親により近かった。大学の知は彼女にとって新しい支えとなった。

父親はアリスの大きな疑問として残っていた。死後の生についての彼女の不安の混じった問いは、父親に関係していた。彼女は神を信じるべきか？　悪魔をか？　亡霊をか？　神という観念は、たとえ善意の神であっても怖いものであった。なぜなら、彼女はすぐに、神は常に彼女を観察できるだろうと想像したからだった。そして彼女はまた、死後には何もなければよいのにという願望と、彼女が失った大切な人達、もちろん中でも父親とまた会えるという願望のあいだで分裂していた。しかし、永遠という概念は彼女を脅かした。

あるとすればそれは、亡霊でいっぱいの無限の空間ではないだろうか。父親の亡霊は、それが存在する恐怖は愛情によって緩和されたにしても、恐ろしい性格を残していた。

アリスは父親の亡霊に対する恐怖を抱いていたにもかかわらず、父親に会いたかった。彼女は父親に関する新しい問いを立てた。「父は私を愛していただろうか？　私が生まれてほしかったのだろうか？　なぜ私達を置き去りにしたのだろう？　どうして暴力的だったのか？　父の不幸は何だったのか？……」。

知を想定された主体の場所に置かれたのは、分析家よりもむしろ父のほうであった。父は魅了する力を保っていた。父に向かって投げかけたかったこれらの問いに達して、この娘は治療をやめた。治療の成果は確実であったが、同時に不安定でもあった。ナイフで母親を脅していた父親、父親の死を願ったこと、そして実際の死は、ひとつのトラウマとして凝縮されてやってきた。父親のイメージが変わり、以前よりも脅威的でなくなって、ようやく彼女がこのトラウマを乗り越えることは可能になった。転移の中でパロールを通ることによって、もっとも残酷な記憶はその恐ろしい激しさを失い、彼女は鎮静した。それでも喪の作業が真に終了することはなかった。父親の亡霊は、分析作業のおかげで凶暴さが減っただけであった。

アリスは、もう食べ物で満たすことはなくなった空虚のうえに、大学の知とエクリチュールによってヴェールを織りあげた。いまや次のことを期待できるようになった。彼女が、治療の中で獲得した諸手段を使って自分の解決法を強固にできるということ、もしくは精神分析という、彼女にとっていっときあの避難所だったところへと戻れるだろうということを。

影の国のヴィクトール

ヴィクトールは毎晩、影に追いかけられていた。朝になると不安に胸を締めつけられ、はっと目を覚ますのだった。私が彼と出会った頃、その影の存在を言い表わすどんな言葉も名前もなかった。彼が分析主体となり、影の存在を明かすまで何年もかかった。だが、彼はずっと以前から影につきまとわれていた。おそらく、それは母親の亡くなった十五歳の夏からであった。

不安と苦悩に対するユーモア

ヴィクトールの母親は、突然事故で亡くなった。その時、彼はちょうど青年期にあり、初恋の最中だった。彼はもう少しで関係が成立しそうであった娘を残し、ヴァカンスからどうしても戻らねばならなかった。様々な感情が入り乱れたことに加えて、新しく芽生えたこの性的欲望によって、彼は困惑した。

家族のもとに戻った彼は葬儀に参列するのを拒み、また誰もそれを強要しなかった。いつも通り父親と兄達は、皆からかわいがられ大事にされていたこの末っ子に無理強いすることはなかった。しかし彼は、今回そういった扱いを受けるのは見当違いであると感じていた。なぜなら、娘と恋に落ちたヴァカンス以来ヴィクトールは、皆が思っているようなひ弱で幼い少年ではもはやなかったからだ。この夏の終わりは初恋の喜びと誇りに彩られていた。だが突然、事態は急変した。彼は悲しみを思い出すことができなかった。覚えているのは、強がって母親の死に涙を流さなかったということだけであった。その後は、悲劇的出来事を常に冗談を交えながら話すのだった。彼はブラック・ユーモアを好んだが、この早すぎた喪失に対して防衛するのにはこの方法しか見出さなかったからである。この特徴はずっとそのままであった。ヴィクトールは陽気な男であり、この性格が不安から自分を守っていたことを自覚していた。

ヴィクトールは最初のセッションから、あたかも自分が孤児であることを自分に言い聞かすように母親の死についてふれた。だがとりわけ彼が分析にやってきたのは、夫婦生活と性生活における心配事、そして選択することや決定を下すことの困難について話すためであった。とくに後者は、あらゆる面倒のもとであった。

彼の恋愛関係は複雑であった。愛情を込めて接していた妻を騙《だま》し、人妻とこっそり性的関係を結んでいた。結婚当初から始まったこの行為のため、大いに罪悪感を感じていた。彼は家族というものを何より貴重なものと捉えていたためこうした営みを止めたかったが、その誘惑に打ち克つことはできなかった。彼のことをすばらしい英雄のように思い、絶対の信頼を寄せている子供達まで騙している気がした。行きずりの女達とは、その場かぎりのお遊びでしかなかった。彼は遊び好きの少年というポジションから移ることができず、自分と同じようにただ楽しむだけの「軽い女」と気晴らしをしていたのである。「僕は軽率な男なんだ」、自虐的にそう言った。

分析はまず、彼の不誠実は自分の伴侶の愛情による支配から逃れるためであったことを明かした。妻とのセックスは、とりわけ彼女の愛を強く感じたとき、大いに彼を不安にした。しばしば不能となったが、その症状に彼はひどく傷つけられた。彼の悪夢には残酷で貪欲な女達が多く出てきたが、その中に自分の妻もいたことを打ち明けた。彼女は喰らいつき、彼は去勢された胴体としてしか残っていなかった。自由連想で妻は、交尾のあいだパートナーを殺し貪《むさぼ》り喰うカマキリと結びつけられ、彼は自ら食べられる物と化した。これらの恐ろしい夢やファンタスムが、きまり悪そうに少し笑いながら語られた。それは彼がそこにジュイッサンスを認めていたことの証拠である。寝椅子に寝ていると食べられるのが怖いけれども、食べられたくもあったと打ち明けた。とくに夢について報告しているとき、自分を「おいしい料理」だと感じた。自分の話しに大喜びしていたのは、誰より彼自身なのであった。セッションの切断と解釈がある種の安堵をもたらし、治療における最初の転換点を迎えることで、このジュイッサンスを阻むことができた。

ヴィクトールは、〈他者〉の欲望ほど自分を怯えさせるものはないことに気がついた。行きずりの女達とは、ただの遊びだったため何の危険もなかった。彼女達のほうでも遊び相手として以外彼を見ていなかった。何も奪わず、何も与えることのない、その場かぎりの軽薄な関係だった。

母親の物であること

分析はヴィクトールのポジションを露呈させた。彼は母親の物であったように、女性の物であった。母親は自分の子供達を愛し、とりわけ末っ子である彼を可愛がった。子供時代は、母親の貴重な対象であることを大いに好み、母親から離れることをもっとも嫌った。母親が傍にいないと、彼は落ち着かなくなり、待ちきれず、母親がもう戻ってこないのではないかと恐れていたことを思い出した。見捨てられることへの恐怖がいつまでも残り、彼が自分の伴侶について考えているときその恐怖がよみがえってきた。自分が騙していることを知ったら、彼女は離れていくかもしれない。ただ安心を得るためだけでも性的な欲望を犠牲にすることができる、と彼は自分に言い聞かせた。しかし、彼の放埒《ほうらつ》な生活は何も変わらなかった。浮気をするたび彼は、これ以上ない危険を冒しているのだと感じていた。

このような態度から、輝かしい経歴の持ち主であるにもかかわらず、自分は「ろくでなし」でしかないと彼は思うのだった。「ろくでなし」とは幼い頃いたずらをする彼に対し、父親のつけた呼び名であった。ヴィクトールは父親にとっては「ろくでなし」であり、母親にとっては嫉妬する兄達からすると、「かわいい坊や」なのであった。彼はそう呼ばれると激怒した。なぜならこの二つの呼び名は彼を男達の世界から追い出し、最終的に母親の世界に置くことになるからであった。しかし彼は、基本的シニフィアンに同一化したままなのであった[十二]。

兄達のからかう「かわいい坊や」という位置は、それでも母親が彼を誰よりも愛していたことを示していた。彼はお気に入りであったが、そのことは彼を窒息させもした。成長するにつれてヴィクトールは、しばしば自分の世界にまで割り込んでこようとする母的な存在にもはや我慢できなくなった。ときおり――彼はこんなことを思い出す――母親が音も立てず部屋に入ってくると、目を閉じて寝ているように思わせて彼女を避けるのだった。そして、彼女がつま先立ちで部屋から出ていくのを眺めてはほくそ笑んだ。母親は学校や友人、彼の考えてることなどについて全てを知りたがった。彼女は子供に何の秘密ももってほしくなかった。ところがヴィクトールの唯一の秘密といえば、自分は母親による囚われの身であると感じているということ、つまり自分が母親の貪欲な愛を怖れているということであった。いずれにせよ、それは彼がそれ以降の分析において解釈したことであった。

母親の死に際して最初に頭に浮かんだことは、「解放された！」ということであった。ようやく彼の前に地平が果てしなく拡がり、どこへ行こうとも、彼の行動について常に干渉してくる人物はもはやいなくなったのだ。しかし、それは苦悩を伴う自由であった。というのもそれは、あのような無条件の愛はもはや決して存在しないであろうということを意味していたからだ。これからは、愛も「妥協と駆け引き」以上のものではなくなるだろう。

ヴィクトールは間違っていた。束縛は、時とともになお強くなることがわかったのだ。ときおり彼は、死者達が生きている者達を見ることができ、母親もまた彼を見張り続け、彼の不倫を厳しく裁くのだと想像した。「かわいい坊や」は実際、父親の感じていたような「ろくでなし」でしかなかった。そんなことは全てばかげていると自分に言い聞かせてみても無駄であった。母親がどこにでもつきまとうというファンタスム上の眼差しの下、彼は罪悪感に苛まれ続けるのだった。彼は自分が夢見ていた地平が、母親の眼差しによって占拠されていることに気づいた。寝椅子の上で彼はずっと硬直したままで動こうとしなかった。まるでしゃべる彫像のように〈他者〉の眼差しの下で、石化したかのようであった。

ヴィクトールは母親にほんの少し自分との絆を緩めてほしかっただけであったが、母親とはあの事故によって完全に切り離されてしまった。それはちょうど、彼が若い女性に興味をもちはじめ、初恋を経験していたときであった。母親の亡くなった日には別の女性といっしょにいたため不在であったし、葬儀の日にも不在であった。そうして彼は、男としての生活において重くのしかかるあの絆から遠くへ逃亡することを繰り返すのだった。この複雑な戦略にもかかわらず、母親は彼を放さなかった。なにより彼は、自分が母親を放さなかったことに気づいた。絆は切り離せないものとなってしまっていたのである。

ヴィクトールは、母親を殺し、分析家の手を借りて死体を隠そうとする夢をみた。目覚めたとき彼は汗びっしょりであり、また罪悪感と不安でいっぱいであったが、現実ではないとわかり安心した。その夢から彼は、自分が母親のいなくなったことを決して受け入れていないのだと推察した。母親は、子供の頃のように彼を窒息させながらずっとそこにいたのだ。分析において彼がどうにかしようとしたのは、このような母親との関係であった。夢が示すように、ヴィクトールは母親を手放すために分析家に助けを請うのだった。

この解釈は彼にまっこうから衝撃を与えた。この男がおおっぴらにしてはばからない憎しみの背後には、はるかに認めがたい深い苦境が隠されていた。そうしてヴィクトールは、母親への厳しい批判や辛辣なユーモアは自分と母親との絆をたんに維持するためだけのものなのではないかと自問するのだった。「母親を中傷することが、彼女を自分のそばに置いておくことになった」。ヴィクトールは墓地に行くのを注意深く避けながら、母親の死と実際に向かい合うことをつねに避けていたのである。「自分には母親が死んだことの証拠がない」と彼は打ち明けた。快活で、いつも笑い、冗談好きのこの男は母親の喪を決して終えていなかった。母親からまったく離れていなかった。彼の恋愛には、母親からの必死の逃亡の印しが刻まれていたが、結局は無駄であった。

　ヴィクトールはこれまで拒んできた果てしない悲しみを、今や認めるのだった。母親が彼のもとを去り決して戻ってこないという、幼年期にみた最も恐ろしい悪夢のシナリオが実現した。あるセッションではむせび泣くのだった。それは、ぎこちない笑いや、それまでこの分析を拍子づけていた言葉遊びと対照をなしていた。

　それには苦悩を伴ったが、分析の実り豊かな横断であった[十三]。その横断はたんにヴィクトールの不可能な喪だけではなく、父親についてまったく話さずにすまそうとしていた彼の戦略をも暴き立てたのだった。分析家が促しても、彼の演じる舞台は自分を貪り喰い窒息させながらも死んでしまった愛すべき母親によって占められたままであり、そのあとも母親の代わりに現われた女性達とのセックスに関する苦悶のみであった。父親についてヴィクトールは、言うべきことは何もなかったのである。

　この分析主体は、ことあれば自分自身と母親の皮肉を言うことで嘲笑し、何事も愚弄し……父親の問いを避けていたのである。自分の苦しみを認めるようになったことが、結局父親のメランコリーについて言及するという結果をもたらした。父親はヴィクトールよりもさらに悲劇的な次元で、苦悩を軽減するためのユーモアももたず、失った愛する女性の喪に服することができずにいた。父親の苦悩は、事故以来何も変わらない住居のイメージを保ちながら以前のままであった。そこに生はまったく回復していなかった。

　ヴィクトールがもっとも怖れていたのは、このような父親に自分が似てしまうことだった。父親の悲しみはいつも陰気な気持ちにさせた。彼が冗談を言い続けたのは、この恐ろしい同一化からなんとしても逃れるためでもあった。

父親は妻を失うずっと前からいつも無口だった。母親は必要以上に子供達の相手をしたが、それはこのような父親から逃れるためでもあった。母親は子供達と遊び、笑うことを好んだが、父親は寡黙で何を考えているのかわからなかった。

ヴィクトールは、母親と兄達が共有しているようにみえた親密さを、いまだ生々しい嫉妬の感情とともに思い出すのだった。こうした楽しそうな共犯関係のなかで、父親は常に不在であった。父親はヴィクトールとまったく同じように、「大人の会話」から除外されていたようであった。この末っ子はそれにたいし屈辱と、同時に強い不安を感じていた。後にヴィクトールは、父親の暗い性格に汚染されてしまうことをいつも怖がるのだった。

ひとつの喪の背後にはもうひとつの喪が隠されているかもしれない

ヴィクトールが父親の秘密の話をはじめたのは、分析の中で父親への恐怖感が現われ出てきたときであった。彼の父親は六歳のとき、一斉検挙のために家族全員がいなくなり、一人ぼっちになってしまった。家族と再会することは一度もなく、幼少の頃、近所の人に引き取られた。その人達は彼をかくまうため、自分の子供達といっしょに育てたのだった。こうして、彼は引き取り先の家族の子供となった。父親はこの時期のことを子供達に話して聞かせることはなかった。子供達は母親から内緒話として聞かされただけであった。母親は、この時期のことに関してはあまり詮索してほしくないという父親の意向を尊重していた。父親は自分自身の家族を作ることで別の方向へと進めると信じ、あの不幸な事件に蓋をしたのだ。後に自分の妻が亡くなると彼は、よりいっそう沈黙のうちに引きこもるようになった。

父親のいわく言い難い物語は、息子にとって打ち明けることのできないものとなった。ヴィクトールは、その話を打ち明けると、父親を裏切るかもしれないと想像した。この打ち明け話が分析の決定的な瞬間となり、そのあとに深い安堵が訪れたのである。

いくつかの悪夢の中で、数年来ヴィクトールにまとわりついていた影がよりはっきりと現われるようになり、ヴィクトールはそれについて語ってくれた。彼はそれらの影が母親の死を表わしているものであることに気づいたが、それら全てはほとんど曖昧で、謎のようなものであったため、それらについて述べ立てる言葉がなかったのだ。しかし、パロールを通過することでそれらの影は不透明さを失い、ファンタスムによって具体的な形をなすようになった。ヴィクトールはそれらを、ほとんど知らない父親の家族と関連づけた。今では敢えて次のようにも自問するのだった。久しい以前に亡くなった祖父と祖母はどのような人だったのか。父親の兄弟姉妹は誰に似ていたのか。これらの問いはついに、これまで名をもてなかったものを存在させた。名づけることは、個人史の流れを根源的に変えることができる。ここで構成されたのは、個人史そのものであった。この歴史は、家族を奪われるという悲劇によってトラウマを被った子供が何年も前にそれを投げ捨てた闇から出てきたのだ。父親が自分の体験した恐ろしさについてなにも伝えなかったために、死者達の影が息子の悪夢につきまとったのである。それらの影は、いわく言い難いものの現われであった。母親を埋葬することができなかったために、それらの影はヴィクトールの夢の中にまでやってきたのだろうか。彼は暗にそう示していた。

影達は、息子の喪と重なり合った父親の不可能な喪を知らせていた。母親はこの二つを結びつけながら、死者が存在することを、それも埋葬されないまま、つまりシニフィアンによって覆われることのないまま名づけられることを待ちながら存在することを明らかにした。父親は自身の人生の死者を抹消するだけであったが、ヴィクトールは自分でも知らずに死者達のメッセンジャーとなっていた。決して処理されることのなかった父親のトラウマが、回帰してきたのだ。先行する世代の象徴化されえなかったものが、分析主体の悪夢の中にえも言われぬ影となって再来した。それらの影は、ヴィクトールが母親の喪失を認め、それに耐えることができるようになるまで、そしてそのとき彼が耐え忍んできた悲しみを受け入れられるようになるまで、たえず彼につきまとうのであった。

ヴィクトールは、母親の埋葬に立ち会わなかったことで、またユーモアによって自分の悲しみをごまかしたことで、父親の拒絶的態度を、知らないうちに反復させていた。ヴィクトールは父親の「抑うつ（l'humeur noire）」から「ブラック・ユーモア（l'humour noir）」へと移っただけであったが、このわずかなシニフィアンの違いは現実界に対する効果的な防衛をなしていた。このように、父親への同一化は逆転したかたちで形成されていた。つまり、いつも笑い冗談を言うことで影のうちに苦悩を残していたのである。母親の愛が父親のメランコリーへの同一化に対し最低限ヴィクトールを保護できていたとしても、その愛は症状を形成することに、つまり足枷を生み出すことにも一役買っていた。愛されすぎることは、欲望とうまく折り合いをつけることを困難にする。

不可能な喪は偽りのものであり、ヴィクトールのユーモアも人を騙すためのものであった。というのもそれらは、過去の残酷なものを隠すためにのみ役立っていたからである。しかしそれらは同時に、過去の残酷なものを暴露してもいた。恐ろしいものを隠しながら示すのは、ユーモアの働きのひとつである。ヴィクトールは数年間、それを使って父親の物語の惨劇、母親の喪が不可能であること、さらにセクシュアリティのつまりは〈他〉の性への恐怖、これら全体を結びつけていた。ヴィクトールは、それを使って行きずりの女達を口説き笑わせたが、それら全てはあまり意味を持たなかった。それは、父親の沈黙と母親の貪るような愛によって培われたエディプス的葛藤の印しなのであった。ヴィクトールは母親の特徴であった笑うことを選び、その結果、彼は自分を幻惑しながら、常に呼び戻す不透明さから逃れるのだった。

この分析主体は、前世代の恐ろしい出来事を隠すために冗談を言って過ごすのだった。いったんその出来事を乗り越えてしまうと、影達は消え去った。彼は以前よりもまじめになり、自分の土台を守ることのできるもの、つまり彼自身の基礎を築きあげていた家族を愚弄するようなことは少なくなった。彼は他の女達と羽目を外すことを止めたが、場合によっては彼女達を笑わせ続けた。ヴィクトールは何より女達の笑い声が好きであったが、とりわけ自分自身で笑わせることが好きだった。それは、彼が気に入られていることの証拠であった。彼は、女性達の「かわいい坊や」だった……。

分析家のもとを離れるその少しまえに、彼は追跡される夢をみた。しかしそれはもはや影ではなかった。「普通の人達が私を追いかけてきました。彼らは、私が彼らのように普通の人間になることを望んでいました。けれども私はそうなりたくなかった。私はただ自分でありたかった」。

この夢は分析の産物であった。ヴィクトールは、自分の短所や欠点とともに、さらには個別性とともに、そしてもちろん再構築された個人史とともに、自分自身であることを受け入れたのだ。彼は例外者のままでいたいとも述べた。「普通の」人間などいなく、特異な主体のみが存在する。これこそ精神分析が明らかにしていることである。ヴィクトールは女性達を笑わせるろくでなしから、母親のかわいい坊やを経て、それら全てとなり、今ではそれらに対し微笑み返すことができた。分析は、彼を表わしていたシニフィアンを個別に取り出し、それらのもっていた有害な影響力を軽減させたのである。同時に分析は、息子が父親から苦悩という重荷として引き継いだ父親のトラウマをも処理したのである。

〈原註〉

＊1　フロイト「喪とメランコリー」（一九一五年）『フロイト全集』第一四巻、二七五頁、およびそれ以降。とりわけ下記参照。

「リビードの引き離しを細部にわたって行なうことは、したがって喪と同様に、（さらにむしろ）メランコリーに与えなければならない特徴である」（二九〇頁）

〈訳註〉

†一 "père imaginaire"。理想的となることもあるが、また悪の権化となることもある父親像。用語解説「エディプス・コンプレクス」を参照。

†二 「ファルスを持つこと」と「ファルスで在ること」。用語解説「去勢」を参照。

†三 一一三頁†六「制止」を参照。

†四 原語は"séparation"。用語解説「疎外と分離」を参照。

†五 聖書の「マタイによる福音」において、イエス・キリストが捕らえられ、磔にされたときに神に向けて叫んだ言葉を指す。

†六 用語解説「転移」を参照。

†七 神経症においては「否定」、倒錯の場合には「否認」、精神病では「排除（Verwerfung 独）、（forclusion 仏）」の機制が、それぞれの病理に関係しているとするのがラカン派の考えである。象徴界から排除されたものの回帰と言われる際には、現実界に属しているものが幻覚の形をとって主体に再出現することを指す。万能性を保持したままの〈他者〉が幻覚や妄想の中に現れると、世界の背後で超越的に全てを操る存在などとして表象されることになる。用語解説「疾病分類」を参照。

†八 manquer, le manque, celui qui manque といった一連のシニフィアンが指し示すのは、アリスにとっての父親のステータスが亡霊 revenant から否定形で表わされる帰らない ne revenir pas 不在のものに変化したことが、まさしく去勢に関係するシニフィアンの次元で起きているという事実である。「帰る、戻る、再び現れる、よみがえる」を意味する動詞 revenir の現在分詞 revenant は亡霊を表わす名詞と同形である。

†九 原文は ses pulsions agressives。ただしこの《pulsion》は精神分析用語としてではなく一般的な意味で用いられていると思われるため、「欲動」ではなく「衝動」とした。

†一〇 欲望を不満足のまま維持させるのは、典型的なヒステリーの戦略であると考えられるが、アリスにはこの戦略が見られない。また、リラの症例におけるように、拒食を用いて母親に対する依存関係を逆転させることもない。

†一一 ここで言われる「物（chose）」は、ラカンが強調して取り上げるフロイトの〈もの〉（das Ding）ではなく、単に「母親の所有物」という意味である。

†一二 「基本的シニフィアン」の原語は《signifiants fondamentaux》である。ヴィクトールが最初にシニフィアンによって

みずからのステイタスを確立した、母の物であることを示す。「かわいい坊や」のこと。

†一三　「横断」の原語は《traversée》。ラカンは六十年代半ば、「ファンタスムの横断」という考えを提出した。ファンタスムについて徹底作業することにより、分析主体が構成している物語を越えて、その中核にあるものに到達すること。ここではヴィクトール自身のファンタスムだけでなく、彼の父親の喪のしくじりへの「横断」が確認される点で、非常に興味深い。

V

究極的脅威

透明な無菌室の中、一人の子供がうつろなまなざしでじっと静かに待っている。何日か前には、この子はまだ家族とともに太陽の輝く遠い島で暮らしていた。普通の子供のように自由に動き、遊び、走っていた。だが突然襲ってきた重い病いのせいで、彼は海を渡るはめになったのだった。

看護婦達は彼に手当てをしようとしたが無駄であった。そして、彼女らの好意的な働きかけに対して何の反応もないことが心配になった。彼女達は、この子を連れてきたクレオール語しか話さない父親のように、彼もおそらく自分達の言葉が理解できないのだろうと考えた。

彼を診るためにやってきた分析家は、この無菌空間に入るために宇宙飛行士のような格好をせざるをえなかった。そして説明されたとおり、ジャンが無言で動かず、硬直していることを確かめた。

分析家はこう言った――「君はたぶん怖いんだね……」。この子は頭を軽く動かすようなそぶりをかすかに見せ、対話を続けようとした。

「何が怖いの?」と聞くと、今度は頭を天井に向けたので、分析家も同じようにした。そこで二人ともベッドの上の無菌の空気を送り続けている格子の吹き出し口を見た。

「音が怖いの?」

「そう」

彼がやって来たときには緊急を要したので、受け入れ係が通常行なうはずの説明をせず、誰もジャンに無菌室とはどのようなものかを説明しないままとなっていた。この状況ではまずその点に対処し、この奇妙で不気味な場所の理由をちゃんと説明しなければならなかった。

分析家は次に、彼の恐怖について述べるように提案した。

ジャン――「わからない……。空気は風のように、聞こえるだけで見えないからね……」。

それでも彼は鉛筆を取り、躊躇した後、きっちりと閉じられた家の輪郭を描いた。家の周りには折れた木々、一台のバイクがあり、その横には倒れた人物がいた――「これはサイクロン[†一]で怖い。とても危険。家の中にいなければいけない。男はバイクに乗っていたが、サイクロンによって倒され、死んだ」。

ジャンはいくつかの言葉を使って、一瞬のあいだに、表象不可能な出来事を現実に変えた。彼は描写できない不可能なもの、病院で味わった恐怖、そして自分でも何をもたらすか知っている馴じみの危険のあいだにひとつの繋がりを作り上げたのだ。ジャンは脅威が近づいて来たのを知らないわけではなかった。

この光景は私の実践の初期に、白血病や他の恐ろしい血液疾患治療のために専門化された医療サービスの現場において起こったものである。私は語ることの緊急性とは何かを教えてくれたこれらの青少年達を忘れはしない。彼らには躊躇《ためら》っているうちに失う時間はなかった。彼らは戸惑いのない充溢したパロール[†二]を発し、しばしば自分達が取り組みたい問い、欲望の問いそのものにまっすぐに向かっていった。トラウマ的出来事をテーマとする本書において、そのような出来事にふさわしい場所が自ずと明らかになるのだ。

誰も自らの死を想像することはできない

子供達も年長の人達とまったく同じように、致死的な危険に直面したときには、やり遂げなければならない大変困難な作業を抱える。それには年齢はあまり関係ない。重大な病いはそれを患う者に、言語に参入するときに獲得する、そして各自が忘却しようとするあの知を容赦なく思い起こさせる。すなわち、われわれは全て死すべき存在であるということである。この知を覆うヴェールが破られ、ひとつの限界が超えられ、主体のあらゆる否認の試みが一掃されることによって、捉えることの不可能な現実界の前で主体は無防備のままに投げ出される。

不可能なもの、考え得ないものを前にして、主体は自分の上に降りかかった脅威を受け入れるしかない。

「私の番がやってきた」と自分に言い聞かせるのだ。しかしながら、何人たりとも己の死という現実的なものを思い描くことはできない。死が突然訪れるときには、時すでに遅しである。自らの死を考えるとは、死を想像すること、創り上げること、ひとつの物語を自分に語り聞かせることである。まず最初に外傷と驚愕がある。想像界と象徴界を通ることのみが、常軌を逸した出来事を把握可能にする。

ジャンは自分を仰天させたものを思考可能にするために馴じみのあるものから着想を引き出してきた。彼はそれを表象可能なもの、言葉によって修正できるものにした。彼は不安を既知の恐怖によって処理し――なぜなら恐怖は不安に対する防衛だから[*1]――、「サイクロンのように」自分に降りかかってきたものに言語をもって立ち向かうことができたのだ。この悪しき出会いがまず主体に沈黙を強いることは稀ではない。なぜならいかなる言葉も、いかなるシニフィアンも彼の前にこうして立ちはだかる現実界を指し示すことはできないからだ。

分析家は沈黙する者にパロールの場を提供し、敢えて最初の解釈を行なう。「あなたは、自分の身に起こったことについて何か言うべきことがおありでしょう」と。

やがて身のすくむような戦慄は不安に場所を譲り、ついで恐怖に、そしてその処置へと変わることができるだろう。ひとつの動きが始まり、外傷的な出来事と距離を置くことができるようになるだろう。

「自分に何が起こっているのか？　なぜそれは自分に起こるのか？　なぜ私の上に降りかかるのか？」。ひとつの謎が現れ出て、思考不可能な外傷を問いに変える。致死的な病いの背後に、この常軌を逸した現実界の背後にひとつの原因があるだろうか。探しに行かなければならない知られざる知が潜んでいるのだろうか。そこにはひとつの真理が埋められているのだろうか。

子供であれ、若者であれ、成人であれ、どのような年齢であっても、人間存在は言語的存在であり、自らに起こることに対して言葉を与えること以外はなにもできない。常軌を逸したもの（insensé）から人間は意味（sens）を生じさせる――それも各自が、自分の体験に結びついた、固有のやり方に沿ってだ。人間は表象の裂け目を縁取りし、着衣させ、自分達が出会った恐怖のうえにヴェールを織り上げる。不安には原因があるのか、病気以外の原因があるのか――と人は自問する。そして新しい物語が始まる。

若者はそれを物語（romans）にすることができ、子供は様々なフィクションにし、大人はしばしばそれを理由付ける。

各自は自分の人生の諸要因から暗中模索し、結びつきを確立し、出来事を意味作用の技巧によって組み立て、構築し、そしてそうしながら象徴化する。「こんな目に遭うなんて、私はどんな悪事をはたらいたというのか」――ある者はこう自問する。別の者は「それはおそらく私のせいだ。あるいは父親のせい、母親のせい、兄弟のせい……」と言う。何と多くの過ち、何と多くの非難であろうか。そしてなんと多くの不幸がここに再び登場してくるのだろうか。誰も自分の身の上に降りかかってくる恐ろしいことにひとつの理由を探さないではいられない。とりわけその理由が確定できない場合にはなおさらである。意味は言表されるパロールの中にまったく自然に忍び込むのだ。

ひとつの原因の探求

患者はいかに稚拙なものであっても自分の病いの想像的な理論[*2]を構築することによって、自ら不在であったところに主体として参入する。患者が〈他者〉に語る以上、彼のパロールは躓《つまず》くことがあるし、彼を驚かすこともある。そして、彼のディスクールの亀裂において彼自身も思ってもみなかった無意識の次元が露呈するであろう。おそらくそこにひとつの解決法がある。それはこの消化不能な現実的なものを謎めいた症状へと、つまり明確に言われることを待っている欲望についての隠れた真理へと変えるだろう。

取り違えてはならないが、これは意味をもたない器質的な病いとヒステリー的転換症状とを混同することではない。ヒステリー的症状は身体における謎であるが、器質的病いは主体に受け入れられるためにただ謎のような様態をとる。この策略は思考しえないものから脱出すること、主体としてそこにいると答えること、病いが奪う身体を取り戻そうとすることに貢献する。自らの災いの原因を探すことは、言語によって思考され、扱うことができる現実性（réalité）へと現実的なもの（réel）を変換することである。結局、何かその災いについて言うべきこと、問いただすべきこと、そして、こう言ってもよいだろうが、検討するべきことがあるのだ。実際に形をとる仮説はパロール次第で修正されうるであろう。

神経症者は常に自分の症状を介在させて現実界から身を護ると考えるなら、このバリアーが突然破られるとなぜ防衛が無に帰し、緊急に新しい解決法を見いださなければならなくなるかがたやすく理解できる。病いが表わす謎は、悪しき出会いによって補完された主体的座標から構成される。患者は決定的な選択を前にしている。欲動の沈黙と身体に幻惑されるにまかすのか、それとも、どこにたどり着くかわからないパロールの紆余曲折の中で冒険を試みるのか。後者は分析家のパロールの場の提供を分析家への要請に変化させるように彼を仕向けることができる。

医者には病いを治療する知が想定されているのに対して、分析家は、苦しみの無意識的原因を知っていると想定される主体の場所に置かれる可能性がある。患者が自らの病いから症状を作るとき、彼は解釈を行なっている。彼は自分の苦しみに含まれている意味と享楽を解釈するしかできない。というのも、患者は治癒を要請しても、ときには自分は病いから逃れたいのかどうかもよくわからないのだ。彼ははっきりとしない理由から、自分は苦しむ運命にあるとまでは言わないまでも、苦しまざるを得ないのではないかと自問することもある。これら全ての仮説は病いを一連の苦しみの中に並ばせ、断絶の代わりに連続性を回復させるよう促している。多くの人がこう言う――「自分でガンを作ってしまった」。

外傷的出来事は自らの固有の物語にしっかりとつなぎ止め、自分のものにしなければならない。単に手当をしてもらうためだけであるとしても、そうなのである。病いは外からやってくる出来事であるが、それでも主体のもっとも内密なところ、その時点では異質で不安を引きおこすものとして体験される自分自身の身体に生じる。

この極限的状況が全ての防衛システムを危険にさらす主体的危機を引きおこすのも稀ではない。あらゆる亀裂、あらゆる傷をさらけ出し、その場面のうえで主体の諸々の基本的シニフィアンを駆り立てるのだ。主体は人生の本質的な出来事の固定点である自らの病いを、自分の個人史の論理的帰結として解釈する傾向にある。この帰結は人生を凝縮し人生から生じるものであり、それには大きな罪責感の危険が伴う。それは一種の最小限の妄想だ。もしこれらの病因論がそれを構築する者にまず主体として再起することを可能にしたとしても、彼はそこに固着したままにならないようにするのが望ましい。なぜならそれらは破壊的でありうるからである。意味が連想につれてずれていき、もつれがうまく解《ほど》かれるとき、患者はそこから解放されることができるだろう。

しばしば、危険が接近すると、自らのもっとも内密な欲望の原因について自問せざるを得なくするいくつかの決定的な問いが、あまりに急激で暴力的にもたらされる。病気の起源についてのこれらの問いは、自分を分断するものから救われること、すなわち、この恐ろしい瞬間に露わになった自らの存在欠如[†三]から救われることを望むように主体を導くことができる。

罪責感から謎へ

マリーの恐怖は驚愕的なものからただの恐怖へと変わり、彼女は自分に懸念を抱かせるものをリストにした。腰椎穿刺《ようついせんし》、化学療法、「まさに監獄」であるこの病院に閉じこめられること……。リストはどんどん長くなっていき、終わりのないように思えた。この娘は自分の恐怖を限定することができなかった。悲しみから反抗へ、怒りから推測へというように彼女の態度が変わり続けることによって、彼女は、このように罰せられるとはいったい自分はどのような悪事を働いたのだろうか、と自問した。少し前からひとつの考えが頭を離れなかった。彼女は二年前に起こったある出来事について再び考えた。あるクラスメートの家に火事が起き、全ては破壊され、そこの母親が亡くなった。中学校では悲劇のあと募金が呼びかけられた。マリーはそれに参加したが、彼女が集めた募金を渡さず自分のために取っておいた。彼女は自分の小遣いを得るために他の家族の不幸を利用した、と打ち明けた。だから今度は彼女が苦しむ番で、間違いなく死ぬだろう。白血病は彼女の罪の証であった。たとえ彼女のこの過ちの告白が彼女の苦しみを楽にしたとしても、彼女の解釈をそのまま認めてはならなかった。

もうひとつの道が開けてきた。マリーは自分の個人史を位置づけようと問いかけ始めたのだ。彼女の父親は、彼女がごく幼いときに彼女の母親と別れ、去年亡くなった。ずいぶん長いあいだ、子供達は父親に会わなかった。今ごろ、父親は天国から彼女を見ているだろうか。彼女を裁いているだろうか。彼の死は白血病と何か関係があったのか。夢の物語がいくつも現れ、彼女を動転させた。こうしたことに直面することは、そこにある困難や罪責感にもかかわらず、それまで思ってもみなかった生きたいという希望があることをマリーに気づかせた。彼女は結局、父親の死、母親の苦悩にもかかわらず、敢えて欲望しようとした。この娘はこの決定的な瞬間に、自分を捉えた恐怖の点から離れつつあった。彼女は退院してから自分の住んでいる地方の分析家と分析作業を続けられるよう要請していたのだが、今はそれを始めたばかりであった。

致死的な病いのような試練を乗り越えるにはひとつの構築を介する必要がある。茫然自失し、そしてパニックに陥る時が過ぎると、立て直しが行なわれ、ほとんどの場合、患者は恐ろしい状況に直面できるようになる。

患者が最終的に病気によって具現化した致死的な危険を受け入れられるのは、致死的な危険というものの意味が変わったからに違いない。それはもう現実界の出現ではなく、戦うべき敵なのだ。それは言いえないものではなく、想像的なうわべだけの輝きを放つ衣服で変装したパートナーである。したがってそれは表象可能であり、去勢を覆い隠すスクリーンとなれるものである。それについて分析家に語りかけることで、主体は現実界のある種の飼い慣らしを成し遂げる。主体が――時に話すこと《パロール》を急き立てられつつ――構築するものは、自分の欲望の原因となるものとの間にひとつの接点を作り出し、彼を〔真の意味での〕主体に、つまり自らの「言う行為《ディール》」の主体にするだろう。そのための前提となるのは、まず主体の方でのひとつの決定であり、またそこにおけるひとつの勇気である。

これらの重大な病いを患う人達にパロールの場を提供することで、彼らが大人であっても子供であっても、分析家は苦悩の中に宙吊りになった（en souffrance）[十四]主体を仮定し、それゆえにひとつの賭けをするのだ。

暗号化と解読

ジャンは今では話を始め、おしゃべりになった。われわれが出会った頃、彼は多くの物語の絵を描き、語った。それらの物語は、彼のもっとも重大な関心事をヴェールで隠しながらさらし出すことを可能にしてくれた。「小熊が二匹、病気の恐竜が一匹いる。恐竜は病気で痩せて、骨が見える。病気が治らないのではないかと心配で、出血している。小熊達もおそらく病気になるだろう。のちに恐竜は死んで、埋められて骨しか残らないだろう」。

ジャンは夢中になって、不在と時間の経過という表象できないものを表象しようと努力した。

彼は星空を描き、次に太陽の照っている昼間、そして最後に一番細いものからもっとも太くて溝の入ったものへと四本の異なった木を描いた。「木は特徴があればあるほど古い木だ。食べてはいけない果実があり、食べると病気になる」。

彼の作るフィクションはセッションが進むにつれ克明になっていった。「これは地球で、絶滅した動物だ。動物を殺したのは隕石だと考えられている。僕は動物を描かなかった。こんなふうに十字で印を付けた。緑は恐竜、赤は爬虫類、黒は鳥類だ。他の惑星には生物はいない。そしてまたブラックホールもあり、人間達はそこに落ち、二度と見つからなかった」。

ジャンは自分がつかむことのできないものを探し、組み立て、識別し、順番に並べ、象徴的なもので縁取りした。

また別の日には、彼は絶滅した動物、マンモスやあらゆる種類の恐竜を描こうと決めた。それらをひとつひとつ名付けることで、彼はそれらが存在する可能性を提示した。それらを表わすシニフィアンは、それらの不在をはるかに超えてひとつの痕跡を残し、この子はそれをつかんだ。

彼は化学療法の影響で身体的に苦しんでいたが、彼を止めるものはもう何もなかった。ジャンは急いでいるようだった。

「ネコはネズミを捕らえて食べる。利口なネズミもいてうまく逃げる。逃げるネズミは緑色で囲んで、茶色は隠れ場にいるやつ、紫色は死んだネズミ。ピンクで囲んだやつはしっぽをネコに捕らえられ、後で死んでしまう。血を全て失ったからだ。結局、十六匹は死んで三十四匹は生きている。ネズミ達はチーズの蓄えがある。いっぱい子供を生んで、フランス中どこにでもいるようになるだろう。三匹の赤ちゃんネズミは死んだ。他のネズミは危険のない国に行くだろう」。

ジャンは彼の身体を攻撃する悪性の細胞に対する治療の戦いを想像的に表象化しようと試みたのではあるが、それは同時に彼の少年としての関心がいかに医学的現実と交わるかということも示してくれた。彼はこの両者を分離して自分のいる場所を確かめようとし、自分の関心を利用して医学的現実を扱い、医学的ディスクールから諸要素を取り出して自分自身のディスクールを構築した。ジャンは物語を創り出したのだ。

「戦争があって、黒は兵隊、緑は爆弾だ。日本では原子爆弾が落とされた。赤い点は死んだ兵隊。青は救助の飛行機で、オレンジは破壊された都市。国境を渡ろうとする者がいるが、電線がある。通るのは難しい。防御設備が多いからだ。敵が近づこうとすると、彼らは注意をしなければならない。黒い点は単なる兵士、グレーは全てを指令するチーフ。爆弾の予備、訓練所、備蓄食料がある」。

それは確かに生きるか死ぬかの問題だった。ジャンは、たとえ自分が科学によって純粋に現実的なものとして扱われてはいても、彼の身体はいかに言語によって影響を被っているかということを示そうとした。彼は病気によっても医学によっても代表される〈他者〉に従属しているとしても、パロールという自分が持っている唯一の武器を使う戦いにおいて、この従属から距離を取り続けた。

退院する前夜、彼は一連の計算を続けていたまさにそのときに、以前のものとははっきりと対比されるデッサンを一枚描いた。

「これは絵を描く一人の画家だ。画架《がか》の脚はシロアリに喰われている。ふつう他の人達は木に処理をするのだけど彼はしていない。時間がなかったから。彼は被害を受けた木を見る。彼はシロアリに罠を仕掛け、薬品で殺した。最初二千匹のシロアリがいて千五百匹死に、四百匹はスミレ色の虫に食われ、百匹残っている。それらのあまりの怖さから五十四匹は外に出た。五匹を除いて全て捕まってしまった。それらはあまりに怖いのでその場を発ってしまい、後に残っているのはもう三匹だけ……」。長い沈黙の後、彼はひとつの名前を絵の上部に書き、こう付け加えた――「レオナルド・ダ・ヴィンチ、彼が生まれて死んでからもう大分経つ」。

この絵の中の絵はこの子が取った距離の効果だけではない。彼が死を超えて部分的に不死だとすると、それはまさにシニフィアンの秩序に、固有名詞に属しているからだ。芸術作品はそれを制作した者の手をいったん離れ、残る。それは万人のためのもので、共有される文化の場所、〈他者〉の場所に参加する。作品は自らの含むもっとも壊れやすいもの、もっとも儚《はかな》いものによって表わされ、時間による摩滅、シロアリの被害に晒されている。ここで作品自体が危険に晒されているとしても、ジャンはレオナルド・ダ・ヴィンチを呼びおこし、画家が歴史の中に残した不滅の痕跡を示すのだ。これはこの少年が好んで出す話であり、それは彼自身が現実界の重みのもとでつぶされたままではないということを示している。

〈他者〉に向かってパロールを発することで、ジャンは自分はここにいると答えていた。耐えること、命名することが不可能な現実的なものから、彼はディスクールを創造した。彼は模索の中で、時間が流出していく背後に潜む存在の流出を明らかにし、常に捉えられないものがあるということを示した。最初のセッションからジャンは、真理を全て言うことはできないということを発見していた。彼の象徴化の作業は、言うことの欠如が表わしている穴の周りに接近することを必要とした。彼は死の幻惑を受け入れることよりもむしろひとつの物語を構築することを選んだ。そしてこの物語は彼のものとなり、欲望の空間、運動、作用を再び見いだすことを可能にした。

致死的な病いとのこうした不幸な出会いをした者にとって、打ちのめされないための唯一の方法はこのように現実界を捻じ曲げること、不可能なものを思考可能な現実に変換することである。それは決定的な選択だ。

事後的効果

去る者もいれば、残る者もいた。彼らは当時自分達が経験したことをどう始末したのだろうか。彼らを混乱に陥れた外傷的出来事は、彼らにとってどうなったのだろうか。それはどのような痕跡を残しているのか。彼らが最終的に勝利した致死的な病いは、どのように彼らの物語に記入されているのだろうか。

「私が失ったものを、私は獲得した」、恐ろしい病いから回復したある若者はこう言ってくれた。彼は生き延びたことに感激し、同年代の若者の関心事をまったく取るに足らないものだと思った。彼は自分が違う人間、無敵の人間になったと感じ、この試練を貴重なものとしたが、それでもなぜ自分の人生は全てが完全ではないのか理解できなかった。つまり、彼は自分の怠惰に打ち克つことはできないし、とりわけ恋愛における障害を乗り越えることができなかったのだ。彼は性的なことを前にすると自分は全能ではないことがわかり、十分に回復していないと嘆いていた。科学は真に約束を守ってはくれなかった。それでは治癒したところで何になるのだ。この若者はそこで、死に対する勝利もまったくどうすることもできない構造的な傷に触れた。彼は誰とも同じように、単なる死する者、去勢のもとに置かれた者でしかない。

重大な病いを克服したとき、この病いは主体が出会うあらゆる困難を解釈する真のマシンとなることが少なからずある。そうした病いについての不安を常に抱き続けていた一人の娘のようにである。彼女は常に、自分はいつでも「このままいなくなるかもしれない」と考えていた。彼女は病気だけではなく、事故やテロも恐れており、神経過敏で休まる暇もなかった。不安夢は消えなかった。特に、白血病の数年に渡る小康状態のあと、医者が正式に彼女はついに回復したと告げてからだ。きわめて長期に渡って病いの再発の危険に宙づりになっていた彼女は、以後自分の基準点を失ったのだ。今やいかなる現実的な危険ももはや直接的な脅威ではなくなった代わりに、あらゆる危険がどこからでも襲って来うるものとなった。

致死的な病いから回復するとは逆説的である。何年ものあいだの治療と観察のあと、獲得することがとても困難だった平衡を破らなければならない。小康状態という言葉は、その人が病気でも、回復したのでもない、ことを意味する。ときには、その人はこの恒常化した不安とともに生きることに慣れ、その不安はその人にとってもっとも親密なパートナーとなっている。

「それはまるで不安が自分に欠如しているようです」と、最近完治したと告げられた他の患者はこう驚いていた。「自分がどうなっているのかわかりません。私は不安がないことに不安なのです」。不安とは確かにそういうものだ。不安には対象がないのではなく、その対象が命名不可能だということなのである。

ある人達は自分が被った現実的ないしは想像的喪失について、病いの後で自分達に起こったことは全て病いのせいだと言ってくどくどと繰り返す。他の人達は元患者の自助グループの中で、自分を理解してくれる無二の同類の仲間を求める。英雄となるにせよ殉教者となるにせよ、彼らはこの戦いから同一化の特徴となる烙印を守る。病いは彼らの紋章、彼らに名前を与えるものとなっているのだ。彼らはこうして、ある日自分を稲妻のように襲った出来事に魅了され、その外傷に永遠に宙づりになったままとなる危険がある。

幼年時代からエマの人生を揺り動かしていた白血病は、そのまま彼女の全ての心配の原因となっていた。十八歳のときこの娘は、自分の勉学の障害となった記憶の穴について嘆いていた。この症状は次のような表現を通して、病いに続く彼女の一連の不幸のひとつとなっていた――「生きてこなかった人生をどのように思い出すのか」。彼女の治癒は奇跡的だったが、自分の人生はそれに値するか確信を持てなかった。エマは「何でもない rien」と言っていた。大きくなって白血病でなくなった白血病の子供以外の何でもないのだ。彼女には何が残されているのか。「何もない（rien）」。われわれが出会う少し前に、彼女は母親から彼女が中絶手術にもかかわらず生き延びたと打ち明けられたのだったが、治癒の奇跡はそれだけにさらに前代未聞であった。エマはこれで全ては語られたという印象を持った。母親の彼女に対する死の願望は幼年期の病いによって封印されていたのだ。それ以来、母親の願望は以前の、そして最近の全ての困難を説明するために持ち出されるようになった。少女だった彼女が病いを患っていた頃、医者は両親に、この子が生き残る可能性は少ないと暗に告げた。そこで、彼女を治療させようと全力を傾けたのは彼女の祖母であった。祖母は治療が続いているあいだ中、彼女を毎日病院へ連れて行った。祖母は「母親がすべきはずのことは全て」やったとエマは語った。

この試練はこの娘の身体に痕跡を刻印した。化学療法によって悪化した水痘の瘢痕《はんこん》であった。エマはそれを「私の穴達」と呼んでいた。彼女にはしたがって記憶の穴と身体上の穴があったのだ。これら全ては治療とともに形をなしていった。

病気が「穴」の原因であるとしても、その背後には、真の原因である母親がいた。エマはこうして子供時代の不幸の連鎖を形作っていった。そして最終的に彼女は、「お前はいなくなるだろう」という母親のメッセージを自分の「私は何でもない（rien）」に変換し、それを分析家の所に持って行ったのだった。

まもなく明らかになったことだが、彼女はこの「私は何でもない」という公式《きまりもんく》を正当化するために、何度か試験に落ちたりしなければならなかった。つまり彼女には、ずっと祖母に慰めてもらえるように、成功しすぎないことが必要だったのだ。エマは、自分に愛情を与えることを決して拒絶しない唯一の人物〔祖母〕に同情してもらうことに飽かなかった。「成功する」というのはむしろ母親や、特に父親のシニフィアンだった。さて、彼女にとっての愛情は次のように分かたれていた。つまり「私が愛する人、それは母」、「私を愛する人、それは祖母」。したがって失敗は〔それによって祖母に愛されるという点で〕愛の条件であると同時に、〔母の愛を得られないという点で〕愛の障害でもあった。

エマは幼年期の病いを軸にした理論をそっくり作り上げた。つまり、母親が彼女に生まれて欲しくなかったので、エマは白血病になったが、祖母はまさに彼女が病気なので彼女を愛したのだ。そして彼女の治癒が可能になったのは祖母の欲望のおかげだ。ところがいったん回復してしまうと、祖母は彼女を前ほど愛さなかったに違いない。「病気の時、私は何でもないものだった。そして病気でなくなると無（rien）以下だ」。

「穴」はこの「無」を具現化していた。穴は公式の軸であり、全てのファンタスム的な構築物を支えていた。

生きていると、そして結局のところ、愛されていると最も実感できる「無」であることが厳命となった。「人は私の穴しか見ない。私は自分が奇妙に感じる」と、この娘は嘆いていた。穴はエマが明確にしようとする謎を表わしていた。そしてそれはジュイッサンスの謎そのものであった。

のちに彼女は病いであることを気に入っていたと打ち明けた。彼女は優しい医者が自分の面倒を見てくれていたときの喜びを思い出した。そして看護婦の注射は、記憶の中ではまだ痛みがなまなましいにもかかわらず、結局、愛情表現のように思われた。病気のとき、彼女は生きたかった。それは確かだった。そのあとになって、この人生をどうしていいかわからなくなった。

長いあいだ分析はうずくような嘆きの中で、〈他者〉の欲望、「穴」「無」の周りを回っていた。こうした体系にひびが入るまでにはしばしば時間を要する。

夢はジュイッサンスを指し示し、エマを捕らえていたあの頑丈な首かせを揺り動かし、少しずつ彼女を目覚めさせていった。それらの夢は、セクシュアリティと愛への関係における彼女自身の欲望についての決定的な問いを立てるように彼女を導いた。だが、そこでも幼年時代の病いは彼女にとって障壁の役割を果たすようになった。「穴」のために彼女は魅力的になれなかったのだ……。自分の母親が持つ女性的魅力をまったく備えていない、自分のような娘に対してどうして若い男が興味を示すだろうか。

次のような言葉がでた――エマは自分よりきれいで、とりわけ父親から熱愛されている母親をずっと羨ましく思っていた、と。この告白はこの娘に、分析の中でエディプス的葛藤を展開することを許し、制止を取り除いた。それから、彼女はおしゃれで魅力的になった。気に入られたかったのだ。

エマの「穴」は、去勢を隠し、女性性への接近を阻む機能を持った罠であった。だが彼女の肌に書きこまれた消去不能なこの刻印は、また分析において、彼女に作業を続けさせてくれたシニフィアン的な痕跡でもあった。というのも、このシニフィアン的痕跡が彼女をして、これらの別の穴を、記憶の穴から身体の穴へと変化させたからだ――この別の穴は、欲望されたファルス、女性性の欠如、そしてそれを越えて欲望を成立させる構造的欠如を指し示しながらも他方でそれを隠してしまうものである。彼女を表わしていた「穴」というこの基本的シニフィアン、その補完物「無（rien）」、これらのおかげでエマは最初騙されていたが、その後自分の欲望の問いへと進んでいった。分析を経ることによって、彼女のうちに埋もれていたあの活力が露わになった。分析はこの活力を引き出すことによって、彼女の固有名詞として利用され、彼女の運命を支配していた重大な病いから、この娘をやっと離れざるをえなくさせた。

全てが修復されるわけではない

エマのように他にも多くの人が、恐ろしい脅威が彼らのうえに残した深い刻印から逃れるために精神分析を選択する。そうすることによって彼らは、「再適応」するため「ＱＯＬ尺度」[十五]によって提案される既成の枠組みに逆らうことになる。この「尺度」は、今ではこの苦しみの世界においては避けて通ることのできないものであり、病いの後遺症を調べ、症状を分類し、治癒した患者を評価するのに使われ、またそのうえ彼らの幸福になる能力をも数値化する機能を持っている。この意味で、この「尺度」はエマが治療を始めるときに出した問いと重なる。

治癒は、病前という以前の状態への幸福な回帰としては考えられない。それはむしろ出来事を主体の特異な個人史の中に記入させ、事後的なパースペクティブに置くことを要求する。全てを予防し、全てを治療しようとする意志を超えて、傷跡はその痕跡をしっかりと認める者にとって、全ては修復されるわけではないということを思い起こさせる。精神分析はそうした人達に、創意のために場所を空けて、彼らの物語を別の形で書くためのチャンスを与えるのだ。

〈原註〉

＊1　フロイト「快原理の彼岸」『フロイト全集』第一七巻、一九二〇年、六一頁。

＊2　Chiriaco, S., «Quand la mort rôde», *La Cause freudienne*, n°30, mai 1995, p. 67. を参照。

〈訳註〉

†一　サイクロンは、インド洋の北部と南部、および太平洋南部で発生する熱帯低気圧のこと。

†二　原語は parole pleine。主体の無意識の真理に触れるパロールのこと。空虚なパロール（parole vide）と対比して用いられる。

†三　原語は manque-à-être。一七頁の「欠如」の訳注†八を参照。

†四　原語の en souffrance は、通常は熟語として「未処理」を意味するが、ここでは「苦しみながら宙吊りにされている」という意味で用いられている。

†五　原語は «échelles de qualité de vie»。今日一般的に用いられている、人生ないしは生活の質（Quality of Life）を評価するための尺度のこと。

結論

ひとつの物語を書くこと、そしてそれをいくつかのシニフィアンに還元すること。それこそが、本書に登場する分析主体達がやろうと決めたことだった。ニーナも、ジャンも、マドレーヌも、ガブリエルも、ヴィクトールも、エマも、そしてその他の全ての分析主体達もそうだ。たとえ彼らが治療にやってきて語ることをはじめた時には、まだそのことを知らなかったとしても、である。彼らはまず自分に苦しみを与えた恐怖の点から抜け出すために――自らその効果を引き受けるべきひとつのパロールの驚きを見越ししつつ――分析の場にやってきたのだ。

分析家たる私は、多くの症例の中から彼らの症例を選び出して書き下ろしたのをまとめ、ひとつの選集とした。選ぶにあたっては、彼らに共通する、トラウマ的侵入から欲望とジュイッサンスの謎へと向かうあの脈絡にしたがった。あとから振り返ってみると、これらの症例は一連のもの（série）となっている。だがそれでもやはりそれらはそれぞれユニークなものであって、特異的な謎に対する特異的な回答となっていることは間違いない。

病い、大惨事、喪、突然の別離、暴力……。たとえトラウマ的な出来事が、セクシュアリティと死に結びつくいくつかのテーマに関して分類されるとしても、その全ての目録を作成することはできない。一連のケースを延々追求しても、それぞれの主体の特殊性をなおも示すこと以外に何もできない。というのも、あるがままの事実というものなどは存在しないからだ。つまりひとつの事実が語られたその時から、それは解釈を与えられ、ある特別な個人によってその人特有の言葉で自分流に報告された特別な事実となるのである。このような理由ゆえに、分析は出来事そのものをヒストリザン（*hystorisant*）[*十一]に変える。主体がそれにもう目をくらまされなくなったときに、出来事は変わったということになる。ひとつの物語は、あくまでひとつの解釈にすぎない。物語の重要性をはかることで話（récit）を単純にし、身体を襲ってそこに刻印を残したいくつかの中心的シニフィアンを明らかにするのだ。

外傷とはまずもって、分析主体達がそこから解放されたいと望んでいる固着点であり、まさしく解釈されることがないものである。この点は解釈されない代わりに、主体に新しい困難や不幸が到来するたびにその原因の場所に置かれ、それ自身で解釈を与えるものとなりうる。これらの主体にとって、事態は困難なものである。なぜなら彼らは外傷によって規定され、それ以来他のあらゆるものを消し去って中心に据え置かれるこの傷によって、彼らのほんの些細な困惑も最大限の苦しみも説明されてしまうからだ。そして人生は、そこに自らの堆積物を加えるのではあるが、固着性からは何も取り去らない。なぜならそこには知られざるジュイッサンスの一部があり、これらの主体はそれに強く執着したままでいるからだ。トラウマ的反復がこのように培われると、もはや可能な出口はなくなってしまう。たったひとつの傷であっても、過去のいろいろな傷や、そして先述したように主体の前世代の傷などが象徴化されえなかった場合には、それらを呼び起こすのに十分である。ここで回帰してくるのは現実的なものである。精神分析はその固着性を解消することを可能にしうる。なぜなら分析はトラウマのジュイッサンスや、トラウマの幻惑の不動性とは反対の方向に進むからである。現実的なものを解消できないとしても、しかし分析は私達が現実的なものに対して保っている関係を変化させることができる。

個人史（histoire）を構築することで――現実的なものがそもそも把捉できない以上、個人史はひとつのフィクションに過ぎないが――分析は個人史において硬直したところを端的に活性化する。分析は一定のあそびを導入し、重荷を軽くしてやるのだ。だがそのためには、主体がこうした変化をもたらすことに同意することが必要である。

　自分たちの苦しみの内へと閉じこもり、押しつぶされ、永久に外傷によって規定され、被害者として留まる以外になすすべを知らない人達もいる。それが彼らの置かれた場所なのだ。そこには精神分析に対するひとつの限界がある。自分自身の苦悩においていかなる責任もとらない人、全てを〈他者〉のせいにする人に対して、精神分析は大したことをしてやれない。なるほどトラウマ的な出来事は、初めのうちは〈他者〉の間違いであろう。なぜならそれは外からやって来るからである。主体はそれに対して何の落ち度もないのだし、何より自分を被害者と感じるのも当然である。分析主体達の嘆きはいつもこのように始まる――〈他者〉が自分に外傷を与えたのであって、それがもたらす帰結に耐えなければいけないのはいつも自分なのだ。彼らはこの無理解と不公平の壁にぶち当たる。ところで、〈他者〉の被害者に留まるということは――この〈他者〉が周囲の人達によって表わされるのであれ、偶然の外的出来事によって表わされるのであれ――ひとつの袋小路に陥ることである。自らの苦しみの重圧から解放されうる唯一のチャンスは、自らそのことに責任を取ろうとすることである。

　ここにはひとつのパラドクスがある。つまり、人は自らの懊悩の重荷を負う能力があればあるほど、その荷を降ろすチャンスを多く持てるのだ。だがその荷がいつまでも〈他者〉の側に残されていれば、それはその人を悩ませることをやめないだろう。主体的責任の一端を引き受けるだけでも欲望は解放される。こうした理由ゆえに精神分析は被害者論とは反対のものなのだ。分析的装置は主体に自らの要請を展開するように仕向け、またそれを超えて、主体が幼年期の歴史において躓《つまず》いたあらゆる要請を繰り広げさせる。想像的な関係において捉えられることを許さない、そして自らの無意識的連想を投影しない〈他者〉にパロールが発せられるとき、このパロールを経ることは、出来事に新たな地位を与える。このことから、なぜ分析家の養成が分析家自身の分析と切り離せないかが理解できる。分析家の分析は、彼をまずファンタスムを横断するように導き、そしてその彼方で、個人史の残りカス（scorie）[†二]を取り除かれた、自分自身の解決不能なジュイッサンスの現実界が露呈した点へと向かわせる。

精神分析家は患者の自由連想から生じる意味によって魅了されたり騙されたりはしない。分析家の解釈はディスクールの流れを乱し、その意味の無限のずれを妨げることができるだろう。

語は、分析の始まりにおいてはまず脈絡のないものとして現れるが、やがてペアになったり、時には群れをなしたりして、自由連想のために凝集する傾向を示すようになる。ペアや群れは互いに秩序づけられるが、後に分析家の解釈が切断し、不意を打ち、目覚めさせることによって、それぞれ切り離されるようになる。解釈は、自らが引きおこす両義性によって主人のシニフィアンを浮かび上がらせ、孤立させ、振動させる。「解釈は運命的な連関（articulation）を崩して、意味の外を目指す。つまり解釈とは解体（désarticulation）の作業だということだ[*2]」。

ひとつの精神分析は、したがって、ひとつの人生のトラウマ的な諸々の出来事を変化させるだけではない。精神分析とは何より、それらの出来事を通して、トラウマ的シニフィアンを見いだすことなのだ。このトラウマ的シニフィアンとは、主体を印づけ、主体の身体に至るまで共振したものである。

外傷は全ての主体に関係するものであって、ある暴力的な出来事の下に置かれた人々だけの問題ではない。時には、最大限の激震をもたらすものが、ほんの小さな動きであることさえある――そしてこの激震のあとに大きな破断が訪れるのだ。当然心的構造が、問題になっている出来事を超えて、それに直面する仕方において関係してくるにせよ、精神分析はとりわけ、現実的なものを扱うためには各自が自分自身の解決法を見いださなければならないということを教えてくれる。

この点において、ファンタスムは主体が自らを幻惑し、自分のためにプライベート・フィルムをつくることを可能にする戦略である。それは独特なシナリオであって、人はつねにそれを携帯し、人生上の躓《つまず》きにフィルターをかけるための助けとして用いる。暴力的な出来事が起こってこのヴェールが破られると、主体は現実的なものの前でなす術《すべ》を失い、丸腰になり、裸にされる。そこで主体は、裂け目の隠蔽を試みるために、またその穴を埋めるために、別のものを創造し直さなければならない。この作業は不可能なものだということが判明する恐れがある。なぜならトラウマは——以前強調したように——傷を再活性化し、掘り下げる力、あるいはまた精神分析家のみが解消できる病的な同一化を固着させる力を持っているからだ。

なかには、ファンタスムのスクリーンを持たず、現実界と特別に直接的な関係を持っている人もいる。では、彼らは暴力的な出来事にあまり鋭敏ではないのだろうか。彼らにとっては打ち破るべきいかなる障壁もないのだろうか。それとも、彼らは逆に特に強くトラウマを被っている人々だということだろうか。精神分析はむしろ、実存（existence）のショックを把握するやり方は、話存在（parlêtre）[十三] の数と同じだけあるということを教えてくれる。

それについてはいかなる予想もできず、前もって定められた規則も存在しない。非常に脆弱な主体が、取るに足らない小さな事件だけで均衡を崩す一方で、多くの人を混乱させるような出来事については無関心であるさまには驚かされる。幸運にもファンタスム以外にも他の保護策があり、人生の困難に対処するための他の解決法がある。非常に曲がりくねった道のみが安定した世界を整備するということはしばしばあるのだ。

だが、防衛が危険にさらされると、そこで全ての秩序が失われ、破局が訪れる可能性がある。新しい安定化へと向かうことは、改めて長く辛抱強い作業を必要とする。

分析はまたそのための手段でもある。フローラは自分なりの参照項（référence）を何も持たず、周囲で起こったことを理解しようとするためにはいつも新たに学ばなければならなかった。これは止むことのない作業であった。なぜなら彼女は新しいものに対処することができなかったからだ。この娘にとってあらゆる出会いは外傷的であった。とりわけ〈他〉の性が問題となるときはそうだ。あるひとつのシニフィアンが欠けていると他のシニフィアンとのあいだの秩序が保てなくなり、そのため彼女は言語とうまくやっていくことができなかったのだ。精神分析は彼女に、彼女固有の言語の使用法を作り出すことで、言語を独特な形で使用することを学ばせた。フローラが一人だけで「書かれたもの」を生み出せるようになるまでは、もろもろのシニフィアンはまず転移の〈他者〉〔分析家〕に伝えられた。この転移の〈他者〉は、彼女がそれらのシニフィアンを扱うための手段であった。彼女は新しい解決法を獲得することで分析を離れることができたのだ。

　誰かが崖っぷちに立たされ、危うい立場にいるとき、そして自分の世界が危険にさらされているとき、精神分析は破綻の訪れを防ぐことができる。このように治療はある種の主体に対して、自らを危険に晒した欠陥のある結び目を修復するために、ひとつの解決法を発明するよう導くことができる。そしてこの修復の作業は、時に芸術的創造にまで至る。しかしながら、必ずしも大きな才能が必要というわけではなくて、ちょうどよく合った小さな発見だけで安定を取り戻すことができる。発明は主体それ自身からやって来て、主体に合った道具を利用して工夫されるものであり、単なる想像的同一化――それはつねに人生における不測の事態に支配される――のように他者に左右されることがない。それだけいっそう、こうした平衡はより確固としたものとなるのだ。

　私達はまた、たったひとつのトラウマ的な出来事が時に他の多くの不幸を隠していることがあるということも見てきた。それらの不幸を変化させ、意味が汲み尽されるまで繰り広げられるままにすることによって、同一化を解除し、支配的欲動の対象を見出し、ファンタスムを構築・横断し、主体の人生を統治していた主人のシニフィアン[†十四]を孤立させることが可能となる。ここで私達は、分析は還元によって作用するものであることに気づく。それは各自にまったく独自のジュイッサンスのモードがあるとわかるまで、始源的欠如へと向かって掘り下げることだということなのだ。しかしながら、それでも分析主体が自らの存在ないしジュイッサンスの全てを言い尽くすようなシニフィアンに到達することは決してないだろう。言葉に表わせない治癒不能の残余（reste）が、つねにあるだろう。

分析を始める人は、自分でも何をもたらすのかわからない責任行為をまず引き受けることとなる。精神分析は幸福を約束しないが、欲望を自由にすることで、新たな答えを作り出し、主体的な袋小路のように見えるものにひとつの出口を見いだすチャンスを与える。このことは治療の事後的効果のみが証明してくれるだろう。

本書に収録されているもろもろの分析は、人生のある時点で克服できなくなったひとつの苦しみを起源としている。これらの分析は確かな緩和をもたらして終結に至ったのであり、この緩和のおかげで分析主体達は他の地平へと向かって出発することが可能となった。この点において、これらの分析は治療的なものだった。だがこれらは新たな分析家を生み出すことができるような終結にまでは至らなかった——それには、本書のテーマとはなっていない別の道へと、いっそう進んでいく必要があっただろう。それでもそれぞれの分析はひとつの宝物を包含しており、欲動の宿命が変わったことを示している。これらの患者達はみな、欲動の致死的、破壊的威力のみが支配的で、それが主体に過大な苦しみを与えていたときに分析の場へやって来た。分析はこの力の影響を和らげることを可能にしたのみならず、とりわけその別の面、つまり発明を行なって欲望を再び軌道に乗せるという、あの創造的力をも露わにすることができた。創造的力がもたらすものはつねに人生の獲得物だったのだ。

これらの分析を読解したとき、これらの治療は症例《ケース》の構築[十五]へと形を変えた。分析作業のある部分は、いくつかのシニフィアン——それらは一旦孤立させられると、分析の原動力を教えてくれるようになる——を強調するために、消失することを余儀なくされた。分析家は陰のうちへと留まり、その行為の効果のみが現れる。その結果、もろもろの話が流れるようになった。様々な残りカス、足踏み、無意識の閉鎖ないし反復の時、それだけでなく夢、困難な横断、それとは別の愉快な横断、涙、言葉、沈黙――それらもまた陰のうちへと留まった。分析家は、全てを報告することができない。分析家は、治療の中から引き出された論理をもとに症例を構築する。分析家は、分析主体が接近した現実界を絞り込むが、それを伝達するためには言葉、つまり不意に現れ、その後に秩序化されたあれらの本質的シニフィアンに拠るほかない。なぜならひとつの精神分析が生み出すのはひとつの新しい構成《アジャンスマン》だからだ。初めのうちは、不透明さが主体を支配する。主体は語るための時を必要としている。たどたどしく喋り、ぶつからなければならない。驚くとき、転移のとき、不意を突かれるとき、反復のとき、見るとき、善く言う（bien dire）[十六]とき、理解するためのときが必要であり、そして結論に達するまでに、数え切れないほどの回数をやり直さなければならない。物語を単純化するためには、これらの全てのときが必要なのだ。分析の篩《ふる》いにかけられると、主体の様々な懊悩は、往々にしてほんの小さなものに還元されてしまう。主体の苦しみが軽減されたとすれば、それは分析がまさしく単純化の方向に向かい、苦しい陰のエリアの致死的な威力を無力化してそれを打ち砕き、意味を動転させ、主体を自らのジュイッサンスと和解させたからである。分析主体が去っていくとき、その人は自らの解決法と、いくばくかの残余を持って行くのだ。

その人が自分の後ろを振り返ってみるとき、思い出すだろう。自分の分析は、この軽減に至るまでのただ苦しい横断の旅であっただけではない。それは、自らの欲望の謎によって導かれ、多くの驚きを経験できた、生きる力を与えてくれる冒険だったのだと。

〈原註〉

＊1　Lacan, J., « Préface à l'édition anglaise du *Séminaire XI* » *Autres écrits*, p. 572. 参照。

＊2　Miller, J.-A. «Nous sommes poussés par des hasards à droite et à gauche», *La cause freudienne*, n° 71, Paris, Seuil, p. 67.

〈訳註〉

†一　「歴史＝物語（histore）」と「ヒステリー（hystérie）」を掛けている。ヒステリーは出来事を物語化する主体として知られている。ヒステリー者に特徴的な虚言癖も、彼／女が出来事を物語として構成しているからである。ヒストリザンという言葉が意味するのは、患者をヒステリー化して、単なる出来事を患者の物語のなかの要素として構成することである。

†二　残余（reste）と対比的に用いられる言葉。残余は主体が言語世界へ参入する際に産出される現実界（またはジュイッサンス）の残り物、つまり対象 a を指すが、これに対して、残りカスは否定的意味で用いられており、分析の途上で篩いにかけられて取り除かれるべき不純物のようなものである。

†三　「parler（話す）」と「être（存在）」を合わせたラカンの造語。七十年代においてラカンは「主体」に代わって「話存在」という言葉を用いるようになった。「主体」という言葉はシニフィアンの主体という実体のないものを指していたが、「話存在」は、ジュイッサンスを得る「身体」を含んだものとして個体を考えるための用語である。そこでは「話すこと」をジュイッサンスを得る行為として捉えている。しかしここでは単に「言語を話す存在としての人間」というほどの意味で用いられている。

†四　S_1 もしくは自我理想、主体がそこから世界を捉える点である。

†五　分析家が症例を報告する際には、ただ起こったことを日付順に並べていくだけではなく、治療の中から引き出された論理をもとに語られたことの取捨選択などを行ない、症例をひとつの形をもったものとして構築しなければならない。症例の構築とはこの作業を指す。

†六　分析によって、それまでは言えなかったようなことを新たに言えるようになることで、精神分析の倫理の基本となる。

謝　辞

まず何よりもジャック＝アラン・ミレールに謝辞を捧げたい。彼は本書の企画が生まれたときにその場にいて見守ってくれた。彼はこの企画を心から歓迎してくれたし、熱心に執筆を支えてくれた。仕事をしたあの何ヶ月かについて、私はとても喜ばしい思い出を忘れない。今日、この書物がナヴァラン／ル・シャン・フロディエンヌ出版の一冊となったことはうれしい限りだ。

パスカル・ファリには本書の細心な読解と、何事にも動じない忍耐に対して御礼を申し上げる。同じくエヴ・ミレール＝ローズにも、慎ましながら毅然とした態度で接してくれたことを御礼する。また彼らとともに編集作業をしてくれたチームの皆さんにも礼を述べたい。鋭い目で再読してくれたエレーヴェ・ダマーズに。ジョエル・アレは彼女の正確さに。そしてナタリー・マルシェゾンに。また作業に参加してくれたファブリス・ブーレーズ、フレデリック・ブーヴェ、ヴェロニク・エドゥー、そしてイヴォンヌ・ラシェーズ＝エミシャンに礼を言いたい。

アントニオ・キリアコには特別に感謝している。彼は最初に本書を批判的に読解してくれた。妹のクリスティエンヌ・ジスレーヌ・ロンギはこの夏の終わりの長い夕暮れ、一緒に原稿を読んでくれた。彼女にも感謝を。

最後に、私の分析家だった二人のことが頭に浮かぶ。彼らなくしては、このような仕事が日の目を見ることは決してなかったであろう。そしてもちろんフロイトの大義学派の友人、同僚達のことも。彼らは、それぞれの仕方で、いかにして精神分析を生きたものとして保てるかを知っている人達である。

監訳者あとがき

本書はl'École de la Cause freudienneのメンバーで、パリで精神分析家として活躍しているソニア・キリアコ女史が二〇一二年にナヴァラン出版から上梓した*Le désir foudroyé*を翻訳したものである。本書は当初、東京精神分析サークル主催の読書会のテキストとして使われていたが、その内容のすばらしさに読書会のメンバー全てが驚かされ、ラカン的精神分析の実際を知りたい他の方々にも本書を紹介したいという思いから、読書会のメンバー全体で翻訳出版を試みることにした。誠信書房に翻訳企画を持ち込んだところ、編集者の松山由理子さんをはじめ担当の方々に御理解をいただき、ここに翻訳書として出版する次第となった。誠信書房の方々には御礼をしたい。

本書の内容はトラウマを被り外傷神経症になった人に対する精神分析による治療の症例からなっている。著者はラカン派の女性精神分析家で、日本ではよくラカン派の人達の言うことは難解で理解できないという声を聞くが、彼女の文章は平易で明快であり、また語り口もうまくて大変読みやすい。それに加え、理論的にもしっかりしており、読者はラカンの理論的な面でも多くのことを学べるであろう。本書を読めば「ラカン派はどうして症例を出さないのだろうか」などいう批判が的はずれであることがわかる。

とはいえ、確かにラカンもほとんど症例を出していないし、症例の提示方法も精神医学や臨床心理におけるそれとはかなり違う。これは精神分析における症例、ひいては臨床についての考えかたの違いによるものである。

ケースの構築

医学的臨床は疾患像をリスト化してそれぞれの疾患に対する対処法を定め、ひとつの疾患があると、リストからそれに相当するものを選び出して対処するという方法が取られる。したがって、疾患の一般化というものが必要である。ところが精神分析の場合には、そういうやり方は通用しない。なぜなら精神分析はあくまで患者の特異性を追求し、特異性を明らかにすることを目差すからだ。精神分析の症例は臨床像を描写して、類似の疾患のための一般的な例を提示するという役割を持つものではない。精神分析にとって、症例提示はひとつのケースをその特異性の中で普遍性を示し出すもので、単なる臨床的な素材の客観的な描写ではなく、分析家の作業によってひとつの構築として成立されなければならない。分析家は素材を選択、分類し、解釈し、そこで問題になるテーマを絞って、ひとつのものにまとめ上げるのである。この作業においては分析家の理論的選択が重要になってくるだろう。分析家がすでに持っている理論と素材の中でそこから外れる部分との弁証法が常に要請されるのだ。これを「ケースの構築」と言う。

フロイトの有名な五大症例はまさにそれぞれが珠玉のようなケースの構築となっている。それぞれのケースで扱われるテーマが深耕され、ケースの特異性の中で描き出し、特異性を超えて普遍的なものを取り出すフロイトの手腕は見事である。その中には「シュレーバー症例」のように、他の人の手による書物をもとにしているものも立派にケースの構築として成立させていることは注目に値する。というのも、ラカンはこの手段を使って多くのケースの構築を行なっているからだ。例えばポーの『盗まれた手紙』、シェイクスピアの『ハムレット』、プラトンの『饗宴』等々である。

文学作品を症例として扱うのには、はっきりとした理由がある。それは決して文学作品を精神分析しようというものではない。逆に芸術作品から何かを学ぶことができるからだ。ラカンは、芸術家はわれわれよりも先に行っている、と言っていた。芸術家は創作活動の中で、まだ人間世界の誰も知らない隠された秘密を見出して行く。精神分析家はそれを作品の中から発掘していく作業を行なうのだ。症例提示は従って実際の病理的なケースだけを対象としなければならない訳ではないのだ。

監訳者も、拒食症を考察するのに、アンティゴネーや皇女シシのような物語や歴史上の人物を取り出してケースの構築を試みた論文集を翻訳したことがあるが、それは実際の症例を扱う以上に多くのことを学ばせてくれ、非常に興味深いものであった。[†一]逆に実際の症例を漫然と提示しても得るところがあまりないことも多い。問題は症例によって何が学べるかである。だからラカンが症例を出さないと考えるのは間違っている。

『稲妻に打たれた欲望』の中では、全てキリアコ自身が長い臨床経験の中で手がけた十五の症例が扱われている。それぞれがすばらしいケースの構築としてまとまっているのだ。この本を手にとられた読者の方々、まだあまり日本では知られていないスタイルをもったこのラカン派の精神分析症例集をどうかじっくりと読み込んで頂きたい。臨床に携わる人にとって貴重な示唆が至る所に散りばめられていることがわかるだろう。

本書を通して、ラカンの理論は臨床とは関係ない等という誤解が少しでも解けることを願っている。

本書の理解の補助のために各症例の翻訳者による要約と、ラカンの用語にあまり親しくない方のために、片岡一竹君の用語集を付け加えることにした。

（中野正美）

〔症例の要約〕

プロローグ

レアは家を火事で焼失し、それ以来、悪夢、睡眠障害、不安などに悩まされた。彼女はそれらを乗り越えられず、分析家を訪れた。最初の面接で彼女が火事によって「全てを失った」と語ったとき、分析家は「全て?」と聞き返した。この不意をついた返答によって彼女は泣き崩れ、火事によって焼かれてしまったアルバムの中の一枚の写真について語った。その想起は分析家を前にして初めて浮かび上がってきたものだった。

その写真には幼年時代の彼女が写っており、その微笑みはカメラマンに向けられていた。カメラマンは父親だった。父親は火事の何年も前に亡くなっていたが、そのときにはそれほど悲しみを覚えなかった。分析によって、家の喪失は、その写真に影として残された父親のまなざしの喪失を意味していたことがわかった。すなわち彼女にとって、そのまなざしは父親の自分に対する愛を保証するものであり、それまで自分の存在を支え、生きる活力を与えてくれたものだったのだ。

分析はここから長い道のりが続いたが、彼女が愛する人達に再び微笑みを向けられるようになるためには、それは必要な道のりだった。

（阿部又一郎）

ニーナの秘密

患者（主体）はしばしば、「変わりたい」という要望を携えて分析家のもとを訪れる。そうした者達の口からは、幼少期の外傷体験が仄めかされることも少なくはない。ニーナの事例においても、早期に受けた性的な侵害が、その後の患者の生き方の方向性をどれほど決定づけるかが示されていた。ニーナの語りからは、幼少期の家庭内の性的外傷と、そこから始まるファンタスムの構築がうかがわれた。分析治療を通じて、ニーナは、それまで疑問を抱いていなかった生き方を振り返り、少しずつではあるが、ひとつの固有の物語を再構成して、彼女の無意識が望んでいた方向へと解き放たれてゆく。

ニーナは分析治療を通して、確かに「これまでの自分の生き方を変える」ことができた。彼女が自ら選択した分析家に語るという経験は、外傷を期間限定的に焦点化したり、暴露したりすることで迅速かつ効果的な症状緩和を目指す従来の治療法とは様相が異なる。しかもニーナに変化が生じた契機は、紋切り型の教条的・暗示的な技法の力ではなくて、精神分析が本来重視してきた主体の語りに現れたちょっとした言い間違い、その言葉の響きを固有のものとして分析家が聴き取り、その通りに聞き返した瞬間にあった。このさりげないが、これ以上の効果はない解釈の伝え方によって、ニーナは自らの早期の侵害が与えた現在に至る甚大な影響に気づかされたのである。このあたりの一見、何気ない臨床記述には、ラカン派女性分析家としての著者のセッション場面の一端が表われている。

分析治療のおかげで、当初の要望通りニーナは、外傷が自らを規定してきた生き方の公式を理解して、その後の生活様式も変化させることができた。けれども、自らを苦しめている症状から完全に解放されたわけではない。彼女の暗がりに対する恐怖症状は残遺しており、その解決が問題意識となっている限り、彼女の分析治療は続くことになる。それでは、この事例もまた「分析によって治癒した」と言えるのだろうか。この点は晩年のフロイトが取りあげた問いでもある。ひとつ言えることは、誰にも、どこにも語ることが許されなかった外傷や、家庭内の秘密の病理からの開放を求める患者（分析主体）が存在する限り、その語りを聴き取る分析家と、彼（女）たちが好む「唯一の閉じた場所（le seul endroit clos）」であるキャビネ（分析室）が必要とされているということだ。

（竹下裕行）

めまい

マドレーヌは登山やパラグライダーのようなリスキーな冒険やスポーツを好む女性だったが、ある日高いテラスから身を投げてしまうような危険を感じ、めまいが出現し動けなくなってしまった。彼女はこの症状が持続し、時に失神にまで至ることもあったので分析にやってきた。

彼女は小さい頃から、恥ずかしい思いをしたときなどに卒倒することがあった。「ふさわしい場所」にいると感じられないとき、彼女は「下げすまされ」「下に引き落とされる」と感じた。シニフィアンを文字通りに取ることで、彼女は落ち込み動けなくなったのだ。傷ついた彼女は、口を閉ざすことを選んだが、自分の沈黙に傷ついてまた後悔した。それでも、治療の親密な雰囲気の中で彼女は語り始めた。

彼女はいつも「もう遅すぎる」と後悔し、未来はもう過ぎ去ったもののように扱っていた。彼女の人生そのものがめまいを起こす深淵のようだった。彼女の母親は遠い国からやってきたのだが、それを後悔して重いうつ状態に陥っていた。さらに彼女の祖母は、彼女を唯一の聞き役にして不満話をすることで自分の孤独と倦怠を埋めようとした。祖母は「おまえの人生は楽じゃないだろう」と予言してマドレーヌを最初に「下に引きずりおろした」のだ。

彼女は周囲の無気力と戦うため、スポーツや冒険を好むようになった。また彼女が愛情関係を結べるのは、奇異、異質、不幸といった特徴を備えた異邦人だけだった。彼女は浮浪者達に魅了された。自分も簡単に彼らの仲間になれるだろうと思ったのだ。うまくいっている人達には、自分が充分な高みに達していないことを暴かれるのが恐かった。めまいのときと同様に高さの問題なのだ。

一方、自分と同じ白人の男には吐き気と息苦しさを感じた。このことに関連して、小さい頃の出来事が思い出された。彼女は六歳くらいのとき、近所の男に性的いたずらをされていたのだ。彼女は〈対象〉へと貶められ、どのように象徴化しても対処できず、あとには嫌悪、恥辱につながる「青いまなざし」だけが残った。

分析家はこの性的外傷を、前症例のニーナのように治療の中心的要素として取り扱う選択は取らなかった。外傷的出来事が象徴界の亀裂を暴露し、主体の脆さを明らかにしていたため、この開口部を深くすることなく、亀裂の輪郭を明確にすることを目指した。マドレーヌのめまいは現実界において「彼女を下のほうに引きつける」という貶められる感情そのままの写しだった。分析により彼女のぐらついた存在にひとつの方向と基盤が与えられ、めまいは力を失い、失神したり倒れたりすることもなくなった。めまいを訴えながらパラシュートでジャンプすることから明らかなように、致死的ジュイッサンスの至上命令は強大であった。だが転移によってこのジュイッサンスが食い止められ、彼女のメランコリー的態勢が変化することが可能になった。

彼女の性的外傷、羞恥心、自己卑下に対する隠喩は成立せず、シニフィアンの短絡が身体の現実的なものの中に入り込んでいた。それがめまいを引き起こしたのだが、めまいによって失神したことがさらに恥の原因となって、主体の存在を全て運び去ってしまっていた。彼女はスポーツで高い目標を達成したり、山に登ったりして誇りを回復しようとしたが、めまいの危険を冒すような状況によってめまいを処理することは矛盾の多い不安定な解決法であった。

分析により、めまい／下にひかれる、貶められる／失神する、というシニフィアンのペアが切り離され、致死的な意味が解体した。さらに分析の構築により、現実的なものを露呈させずに性的外傷から距離を取ることが可能になった。彼女は芸術的才能を発揮し、短編小説の中で自らの主体的変容を表現した。その中で現実的なものが象徴的なものと想像的なものに結びつけられ、覆い隠されて事後的な鎮静効果をもたらした。あの「青いまなざし」は危険な性格を失い、彼女は白人の男性と関係を結んだ。

（仁田雄介）

天使ガブリエル

症例ガブリエルでは肥満と遺尿症、そして不安を抱えていた十二歳の男の子について記述されている。ガブリエルは性的虐待や暴力、臨死体験といったPTSDに見られるような侵襲的、致死的なトラウマは負っていなかった。彼にとってのトラウマとは、幼年期の楽園の喪失を意味していた。ガブリエルは初め、両親の愛情を一身に受け、撫でてもらうときに身体に特別な快感を感じていた。しかし、妹が誕生したことにより、その特別な快感は失われてしまったのだ。それによってガブリエルは、その快感に、失われた楽園という意味を与えていた。

分析の中でガブリエルは、症状を主体的に受け入れていった。ガブリエルは初め、肥満や夜尿といった自らの身体的症状をただのやっかいなものと考えていた。しかし、彼は先のトラウマについて語っていくにつれ、自分がたくさん食べてしまう理由、そして遺尿をしてしまう理由について考えていった。彼にとっては食べることも遺尿も、赤ん坊でいることの快楽と恥に関係していた。実のところ彼はそれらの症状に苦しみながらも、失われた幼少期の楽園へのノスタルジーに満足していたのである。彼は語ることによって、それらの症状の意味と、症状に対する自分の責任を受け入れていった。

最終的にガブリエルは夢から手がかりを得て、特異的な分析の終結に至った。ガブリエルは天国の守護天使になる夢を見て、また世界の飢餓問題を解決する夢を見た。彼は分析の中で手に入れたもの、そして夢に導かれて自らの人生の方向性を決めた。彼は理想の世界を実現するために森林の管理官となることにした。彼は失われた楽園を別の形で表現し、それを自らの人生のコンパスとしたと考えることができる。

この症例において何よりも重要なのは、ガブリエルが固有な分析の終結に至ったという点なのではないか。先述したように、ガブリエルは幼少期の楽園を失ってしまったというトラウマを抱え、不安や過食、夜尿といった症状を形成していた。しかし、この失われた楽園を追い求めるというテーマが、ガブリエルが終結後に選択した森の管理官を目指すという人生の方向性に強い影響を与えていることは明白である。このように、トラウマは表面的には主体を苦しめるところ、失われた楽園を取り戻そうとしているようにも見える。このように、トラウマは主体を苦しめるような症状を形成するものでもあり、それと同時に、主体が固有の人生を歩むことを可能にするものでもある。なぜなら、トラウマは主体の固有のジュイサンスと関係しているのだから。楽園の喪失というトラウマがあったからこそ、そしてそのトラウマに新しい返答を与えることができたからこそ、彼は森の管理官を目指すことができたと言えるだろう。ここに、精神分析における「症状」という考え方の表われを見ることができる。トラウマへの主体のある返答を症状と呼ぶのであれば、ガブリエルが新しく選んだ人生の方向性も、同様に症状と呼ぶことができる。そういった意味でガブリエルの分析は、彼の症状を完全に解消させるには至らなかった。しかし症状が残っているからといって、彼が固有の人生を歩むことに不満がないのであれば、いったい何の問題があるというのだろうか。

ラカン的精神分析は、それで問題はないと考える（分析家を目指すのでなければ）。彼は彼自身のトラウマを想起し、新しい返答を与え、生き方を変えることができた。彼が彼らしく固有の人生を歩むことができるようになった今、それ以上の分析は必要ないのである。

（玉崎英一）

リュシーにとってのひとつの謎

分析開始時、高校生ぐらいの年齢であるリュシーの恐怖症の臨床例である。十一歳のとき、家族で日曜大工しているときに出会った瓶の「毒物、×印」を見たことが心的外傷になり「身体症状（喉の炎症）」「×や有毒といった文字が記入された日用品への恐怖症」が始まる。「×印（十字架）」「刺す」「喉」といった分析を進めるうえでの、リュシーの無意識の構造を形創る言語機能の元となる根本的シニフィアン（事・物を言葉に代理し表わす語）が予備面接時にすでに露わになり、そのシニフィアンの変化形を埋め込んだ脚本「スズメバチが自身の喉を突き刺したら？」等から様々に展開される「危険が危惧される質問」を父親に毎晩投げかけ、返答を得ることで安心して眠る、といった「疑問に、家族内で唯一の聞き手となった父親に代理で発話（返答）させること」で不安から離れる「（強迫神経症的）儀礼行為」を行なう（症状の発現）。分析が開始すると、不安は家の外では無くなることが認識され、不安は家の内部に限定されることになる。また、「父（×）の不在」が、母の不眠症を和らげ、自身の調子も良くなることが発見され、同時期の初潮の後では、恐怖症の対象が「×や有毒」から「不妊症」に変化し「父⫲ファルス＝性的なもの」にも置き換わることが認められた。父、母、妹との関係性（家族複合 les complexes familiaux）が自身の症状を作り出している主要な問題であることが、分析により徐々に見えてくるようになった。初潮により失われた幼年時代を手放すことを悔しがり、いくら「性的関係・妊娠・赤ん坊の誕生」の連関について説明されても理解できず、実際の妹も当初、親が贈った「人形である」と思っていたことを分析中恥ずかしがり、最終的には、妹への愛／憎共存的な気持ちを見いだすことにもなった。毎晩、両親の寝室に「質問を持っていくこと」は「両親の性的関係の妨害」であり、また「自分以外の子供の誕生への妨害」であった。「性的なものへの理解の拒絶」により自身の「欲望の途上」に留まろうとしたのである。恐怖症を強迫化した「質問（要請）」への「いや、そんなことは起きない」という父親の返答を、無意識の脚本（幻想）とした欲望を生きることで、母になり（母へ同一化し）父と子供を作り産みたいというエディプス的欲望を無意識に展開することで、目に見える意識化できる症状としての「不安」と不安を覆い隠そうとする「様々な偽-恐怖症」を引き起こして、最終段階「性（ファルス）の恐怖」「飲み込む恐怖＝ファルスに貫入される恐怖」に直面し引き受ける「真の恐怖症」へ移行しかかり、「女性の欲望の謎」について疑問を持つ地点にまで達することで分析を中断した。この性的なものへの「真の恐怖症⫲不安」に対する防衛として、無意識の文字の支えである「ストレス」という記号（押印）を使い、「自分はストレスを被りやすい〈性格〉である」と定義（隠喩化、パラノイア〈妄想〉化）することで精神の留め具（安心⫲人格化）を得て、×印という第二の外傷から性的なものという第一の外傷に遡る分析の時間から日常の時間へ帰ることができた症例であると思われる。

（中野正美）

リラの隠された宝

リラはある朝、鏡の中に自分の二重あごを見たことがきっかけで、鏡の中で自分を見られなくなり、同時に深刻な拒食に陥った。彼女の両親はかつてレストラン業を営んでおり、それは繁盛していたにもかかわらず売却しなければならなくなった。そのために父親が、ついで母親も鬱状態になった。母親はやがて別の男のために父親と別れたいと望み、家を出ようとして家族を振り回すようになる。母親はその男との秘密をリラに詰め込むかのように打ち明けたのだが、リラはそれによって父親に対する欺きの感情との間で引き裂かれる。前述の拒食はこの頃から始まり、やがて母親に連れられて分析家を訪れた。「二重あご」とは、鏡像に映った自分自身の、両親に対する虚偽の二面性であったことがのちに判明する。また、この拒食は母親を家に引き留めることも意図されていた。

拒食が始まって以来、彼女は父親を辛らつに批判するようになり、やがて会話を交わさなくなった。父親の失墜が、すなわち、父親のうつ状態、および彼が母親から裏切られたという二度の挫折が許せなかったからである。分析家は彼女について、口唇的および声的対象の等価性（食べ物＝声）、そこにおける「無的対象」の出現（拒食と沈黙）の仮説を立てた。

やがて、分析によって彼女の沈黙は元来寡黙な父親に対する同一化に基づいていることが明らかになった。また、幼少期に調理場で働く父親の姿を見るのが好きであったこと、ついでその頃にある秘密を父親と共有した幸福な想起が語られ、分析に転機がもたらされた。二つの夢によってさらに転機が訪れた。まず、まなざしが出現する夢によって不安が起こり、それによって拒食は解消し、体重は目覚しく増加した。かつて鏡像において否定されたまなざし的対象が現れることによって、口唇的対象が脇に追いやられ、拒食症における「無」的対象が存在理由を失ったのである。次に、巨大な波から逃れて溺死を免れる夢は、母親によって飲み込まれる状態から抜け出し、父親のほうに向かう立場の変化が示されていた。

こうして彼女は父親と和解し、症状も解消した。しかし、家族の無秩序状態に対しては我慢がならなかった。彼女は分析家に対して、将来裁判官になりたいという夢を語る。かつて父親の失墜によって受けたトラウマの場所から、秩序を維持する法律の場所へと身を移すことによって解決を図ろうとしたのである。ただし、彼女は拒食を解消した結果として女性的な容姿を取り戻しており、彼女に接近してくる男性達に対してもはや無関心ではなかった。したがって、これからの避難場所は法律の場所だと決まったわけではなかった。

（松山航平）

謎の女アナ

この症例が扱うのは、アナという名前の、謎めいた雰囲気を持つ女性についてのエピソードである。本書の特徴として、各症例について主体がどのような臨床的区分に身を置いているか（少なくとも著者がどのようにとらえているか）を明示しないことが多いという点が挙げられるが、アナの場合にはやや例外的に、明らかにヒステリー者としての位置づけが行なわれている。ヒステリー者に関するエピソードにおいて度々見られるように、アナもまたみせかけ、ヴェールをかぶった主体として振る舞っている。アナの謎めいた雰囲気は、彼女のうちの空虚を隠すための覆いなのである。彼女が覆い隠している空虚、これは強烈なもので、彼女が分析を受けるきっかけとなったものであった。われわれが何かを覆い隠すとき、ふつうそれは何か人に見せたくないものを隠すためにそうするのではないか。子供の落書きを隠すために壁にポスターを貼ったり、紅茶のシミを隠すために上からワッペンを縫い付けたりというように。ただアナの場合には、こうしたこととは事情が異なっている。ヴェールの後ろには、何もないのだ。アナは空虚でしかなく、隠すべき何ものも持ち合わせてはいない。彼女自身による表現を借りれば「空っぽの袋」なのだ。こうした空虚感はアナを苦しめてやまないものであった。この空虚を隠すためにアナは沈黙という戦略を用いた。かくして彼女はひどく謎めいた雰囲気をまとった女性となったのである。

それでも、沈黙とは精神分析において早くからその対象となってきた抵抗のひとつである。精神分析という枠組みが彼女に口を開くように促す。こうして彼女の分析が始まった。

アナの抱えるこうした空虚は何に由来するものなのだろうか。本書では、それは同一化をめぐる問題として語られている。アナは「捨て去られた」女というポジションに同一化することにこだわっていたのだ。そもそも彼女が分析家のもとを訪れた直接の原因は恋人に「捨てられた」ことであった。彼女は三つの同一化を経験している。彼女の周囲で最初同一化の対象となったのは彼女の叔母であった。叔母は二十歳にして自殺しており、家族はみな敢えて彼女のことについて語ろうとしなかった。叔母は隠されていたのだ。分析を始めた当初、アナは自分がこの叔母の運命を辿りなおしているのではないかと嘆いていた。

あとの二つは両親への同一化である。アナが空虚な女性であったように、両親もまた空虚な人間だったのだ。とりわけ、アナの母に対する関係は両義的なものであり、それだけに分析の過程で重要な役割を果たすものであった。アナの母は間違いなく「見捨てられた女」である。彼女は、実は今の夫（すなわちアナの父）と結婚する前の二十歳の時（再び二十歳！）別の男に振られてしまっていたのだ。今の結婚自体それへのあてつけのようなものだったという。この事実は、母自身からアナに向かって語られた。恐ろしいことである。この告白によって父は失墜し、ふたりの子供であるアナ自身もまた、自分など望まれてはいなかったのだという事実を突きつけられることとなったのだから。ただその一方で、アナは母に認められたいという思いを捨てられず、それゆえに時として母を責めていた。

アナの母への態度は大いに両義的である。彼女を承認せず、時として不条理な怒りをアナに向けることすらしていた母は、アナにとって自分を飲み込んでしまうかのような「巨大な波」として夢に現れる存在であった。だがそうした荒々しい母である一方で、アナにとっては承認を与えてくれるかもしれない〈他者〉であり続けたのである。

だが、これから先が問題である。父性隠喩の式とともによく知られているように、通常では、子は母の欲望の世界への埋没状態から抜け出すために、ファルスという対象を導入する必要があった。もちろんこの作業の過程で現れるのが〈父の名〉である。しかし、アナの場合にはそう簡単な話ではなかった。というのも、彼女の母は父を愛してはいなかったのだから。そうなると、母の欲望の対象となる〈父の名〉というシニフィアンが得られることがなく、永遠に母の欲望に飲み込まれたままとなってしまう。その対象は、母は何かを欲望している。それどころか母は扇情的な美しい肉体をもち合わせたひとりの女であった。しかし母が欲望している対象を定めることができないために、欲望は子供を飲み込んでしまいかねない無秩序なものとなってしまう。

これはともすれば精神病的構造をもたらしかねない、危惧すべき状況である。実際、精神病とまでは行かずとも、アナは〈他者〉の欲望との関係性に深刻な問題を抱えることとなった。キリアコによれば、彼女が身に着けた「沈黙」とは、アナにとって謎でしかない〈他者〉の欲望に対する応答として身に着けられたものだという。〈他者〉からの承認を望む一方で、〈他者〉に対しては沈黙を続けることによって、永遠にその承認を得られないように仕向ける。欲望の不満足を欲望する、という絵に描いたようなヒステリー的戦略である。加えて、この母が父を愛していないという事実は父の失墜をも引き起こした。幼少時のアナにとって父もまた（多分に近親姦的な恋愛関係という意味を持ち合わせる）同一化の対象であった。その父もまた、母に愛されていないという意味で、母に「見捨てられた」男だということになる。

かくして三人の同一化の対象が出揃った。二十歳にして自殺した叔母、若き日の恋人に見捨てられた母、そして母に見捨てられた父である。アナの分析は、彼らへの同一化から脱することをもって終結を見る。そのきっかけとなったのはある夢であった。飛ぶことのできない、みすぼらしい三羽のカラスについての夢である。時間をかけた分析の結果、アナにとってこの三羽のカラスとはアナ自身のことを指すものであることがわかる。叔母、母、父という三人の人物へ同一化するアナ自身である。飛ぶ（voler）というシニフィアンは同時に盗む（voler）という意味を持つが、アナは〈他者〉から何かを盗みたかったのだ。カラス（corbeaux）がその響きから指していたのは母の肉感的な美しい身体（corps beau）である。夢の中では母の美しい身体はみすぼらしいカラスという形で立ち現れた、このことは母の肉体の美しさが（沈黙にまとわれたアナ自身と同様）見せかけに過ぎないということを暴露することとなった。

こうした作業を続けることによって、アナは三つの同一化から解き放たれる。分析が終わってから数年後、著者のもとへ葉書で近況を知らせてきた彼女は、もはやかつての謎めいた女性ではなくなっていたという。

（片岡一竹）

フローラ、分析家、そして小さなノート

フローラは若い女性であるが、精神病と言える主体である。この症例は、精神病に対する精神分析的治療がいかに行なわれるべきかについて、明確なビジョンを与えてくれる。

精神病者に対して精神分析的治療が行なえることを証明したことは、ラカンが精神分析にもたらした大きな前進の一つである。しかし神経症と精神病はいかに異なるのか。本症例ではそれが参照項（référence）の観点から説明されている。この参照項とは、ラカン理論においてクッションの綴じ目（point de capiton）や〈父の名〉と呼ばれるもので、言語世界を一定の秩序をもったものとして成り立たせているような、主体の拠り所である。参照項は〈他者〉の世界での一般的な基準をつかさどり、そのお蔭で神経症者は安定を手にできる。他者と自然なコミュニケーションを取ることができ、日常生活の自明性を獲得できるのである。人生の謎と出会っても、この参照項に依拠することで、それを切り抜けられる。神経症者においてはこの参照項が壊れることは決してない。

しかしフローラのような精神病者においては、〈父の名〉の排除によって、この参照項が脆いものとなっており、崩壊の危機に迫られている。彼女が繰り返し主張するのは自明性の喪失である。フローラは、「言わんとしていたこと」と「実際に口に出した言葉」の乖離に苦しみ、やがて言葉の意味が何もわからなくなり、何も言えなくなると嘆く。

世界の標準や自然なことがわからず、買い物すら自然に行なえない。セクシュアリティとそれにまつわる恋愛は、解けない謎として外傷的な深淵になってしまう。彼女は絶えず「自分を失う」危機に晒され、葛藤を生じさせているのである。

精神病の治療の目的は、この脆い参照項をシニフィアンによって補強し、強固なものにすることである。そのためにこの症例では「ノート」が用いられている。フローラはまず人間関係において生じたトラブルをノートに書き記すことから始め、やがて「自分の世界の体制を整え、自分と世界との間のルールを練り上げ、もう自分を失わないように」、しかるべき振る舞い方や、決定のための補助となるリストなどをノートに細かに書き記して、自分自身の「使用説明書」を作成した。もし忘れてしまっても、ノートを参照すればいつでもコンシスタンスを取り戻すことができる。彼女にとってノートという「使用説明書」は、強固な参照項になったのである。分析家はこのノートの作成を助け、彼女の参照項を強固なものにしていった。すでに強固な参照項が成立している神経症者とは異なり、精神病者は自分自身で参照項を作り出し、補強しなければならない。分析はそれを助けるものである。このノートの活用は、精神病治療に多大なヒントをもたらしてくれるだろう。

ノートのお蔭で彼女は、セクシュアリティという深淵に対して防衛することが可能となり、また、「自分の人生が標準から外れているように見えるとしても〔……〕一人でいるのが好きだ」と、自分自身の特異な生き方を肯定することができた。神経症と精神病の差異にかかわらず、分析が目指すのは患者の特異性である。彼女が見出した解決は、それを明らかにしてくれる。

（竹下のりこ）

休戦

ボリスの両親は厳しい幼年時代を過ごし、大恋愛の末結婚したが、夫婦関係はすぐ破綻した。父親はパラノイアで暴力的なところがあり、母親は弱い人間だった。ボリスは両親と同様に厳しい幼年時代を過ごし、初めて恋愛を経験したときに混乱に陥った。彼は両親の苦悩を繰り返すことを恐れ〈他〉の性とやっていくことに対処しようとして分析に訪れた。

ボリスは幼年時代に別の分析家と最初の治療を行ない、彼に互いの悪口を打ち明けてくる両親と生活するために、父親的シニフィアンに頼ることで生きる戦略をたてることができた。しかし、初めてセクシュアリティに出会ったとき均衡が崩れ、性的不能に苦しむことになった。愛する人に見捨てられることを恐れ、孤独に耐えられず、もし実際にはいない弟がいてくれたら苦悩もないのにと感じた。それは不思議なことだった。恋愛相手は完璧であり、ボリスにとって〈全能の他者〉だったが、関係が破綻した後は恐ろしいものへと変化した。ボリスは攻撃性を爆発させてしまい、結局両親と同じ運命をたどった。別の女性に夢中になり、あらたな愛情生活を送ることで満足し一度治療は中断したが、何故かますます不安にかられるように感じたため治療に戻った。敵に追いかけられる悪夢が繰り返され、また心気症にも苦しめられた。だが分析家への転移により不安を和らげ、身体の統一性を確認することができた。それでも新しい愛を失うことの恐怖は消えず、また愛していない女性には欲望を感じるが愛している女性の身体を嫌悪するという問題に直面させられた。母親は「男は誠意がない。全ての女性を欲しがるだけで女性を大切にしない」と父を非難していたが、ボリスは母の〈もの〉のままでいたくなかったので父を理想化した。だが父はどうしようもなく欠如していたため、〈他〉の性と出会ったときにその戦略は頓挫した。彼は自分自身に暴力を向けることでそこから逃れようとした。分析家は、ボリスが責任を負うため分析を要請したのに対し、父親は責任を負わなかったことを強調して父親との同一化を和らげた。

ボリスは母親が欲望する対象であるファルスに同一化することはできたが、エディプス段階は乗り越えることができなかった。ボリスの場合、母親が父親を認めておらず、父親は自ら法を軽んじていたため、母の禁止は象徴的なものにならなかったのだ。母のファンタズムの対象の場所にとどまっていたので、彼は男性として生きる手前で途方に暮れてしまった。ボリスと象徴界との結びつきは弱かった。最初の恋愛相手が〈全能の他者〉の位置を占めるようになったことがそれを証明していた。この恋愛相手は自分自身の分身であり欠如を埋めてくれるはずだった幻の弟の複製だった。

彼は自分にとって重要な人の意見をきき、それを自分のものにすることで想像的な埋め合わせを試みたが、精神病の危機の中それは微妙で危うい作業だった。このため、別の形のより平穏な答えをもたらす拠り所を引き出すことが必要だった。

転移によって危険なものから守られ、ボリスは文章を書くことやデッサンに夢中になった。だが漫画を描くことで、ボリスの言葉づかいは換喩に支配され、彼が周囲の世界と結んでいた苦しい関係を映し出していた。ボリスの言葉を直接イメージと結びつけてインスピレーションを表現することが可能になった。これにより、現実界、象徴界、想像界を結びつけるための構築がなされ、シニフィアンとシニフィエの連続性を回復することができた。それ以来、自分自身に向けられる怒りは物語に変わり、シニフィアン的鎧となったのだ。現実界、象徴界、想像界を結び付けるために〈父の名〉以外の解決法もあり、それは特異的な創造を必要とするが、分析的治療はそれを支えることができる。分析家はボリスが物事を妄想的に解決することを抑え、意味よりもシニフィアン的創作に価値をおいた。彼はシニフィアンの盾、鎧で武装することで新たな人生を始めることができた。セクシャリティに関する苦痛から完全に解放されるには至らなかったが、精神分析によって自分の運命を変えることのできる枠組みを手にしたのだ。

（中野正美）

勇敢な少年、リュ

リュは遠くの国で生まれた。父親は政治的な理由から逮捕され、秘密裏に処刑されたようだった。それから母親と子供達は何度も逃亡を企て、やっとフランスにたどり着いた。その一年後に、母親はリュを連れて分析家を訪れる。彼は当時九歳であり、いつも一人きりで友人をつくれず、勉学も困難だった。

彼は幼少期の記憶も、母親の訪問時の話も全て忘却していた。セッションは最初から父親の不在を印す一軒の空き家が描かれ、その後も繰り返して描き続けられた。また、自分が溺れる悪夢も反復して現れるようになった。

やがて最初の遮蔽想起が現れた。彼は四歳のときに家族とともに、刑務所の「ような」場所にいる父親に会いに行ったのだが、それが父親に会った最後となったのである。彼にとっては、父親はそれから戦争の英雄として死んだのであり、父親が有罪宣告を受けて処刑されたことはこの背後に隠されていた。

次に、人が不在の故国の夢を見たのだが、それは幼少期のある外傷的な光景を思い出させることになった。かつて故国から逃亡するために船に乗った彼は、母親が岸に取り残されているのに気づいて海に飛び込み、泳げなかったが救出された。そのときの恐怖を語って以来、溺れる反復夢は消失した。夢が忘却を解消し、悲しみの中に入らせ、悪夢を追い払ったのである。

彼は最初の訪問時の母親の話を思い出せるようになり、母親に父親の逮捕の理由を尋ねた。しかし、母親はその苦痛な体験を乗り越えられず、何も話せなかった。彼は母親の助けなしで一人で生きていく決心をした。この頃から笑ったりユーモラスな表現をしたりするようになり、友達もできた。分析を終える決定をし、「生きるためには耐えられないことは忘れる必要がある」「これからは将来に向かって生きたい」と語った。描画にあの空き家は描かれなくなっていた。

こうしてリュは、不在の父親に対する困難な喪の作業を行なった。まず、故国の記憶と母親の話を忘却し、父親を英雄として理想化することによって、父親を有罪性から守って正当化した。次に、夢をきっかけに忘却が解消される転換期を経て、父親の失墜を通して、死んだ父親、つまりシニフィアンとしての父親を認め、その象徴的殺害を達成した。そして、彼は将来に向かって生きる選択をしたのだった。

（飛田辰晃）

アリス、人形と幽霊

この症例で問題となるのは拒食と過食である。しかし先のリラの症例とは幻覚症状を伴っている点が異なっている。

そのため著者はこの症例を精神病として扱っており、「無」という対象をめぐって展開される拒食症、欲望を不満足のままに維持する戦略を用いるヒステリーだとは考えられないと述べている。精神病であるとするとアリスの症状は比較的軽度のもので、分析による介入が可能であった。この場合、著者が説明するように象徴界から排除されたもの、すなわち現実界の病理を相手とすることになり、図式的に説明すれば、言葉のみを基本的に治療手段とする分析が行なう作業は、この現実界をシニフィアンへと翻訳して置き換えることで、象徴界および想像界の次元を付け加えることである。本書でよく用いられる表現を借りるなら、言葉やシニフィアンで織り上げられた象徴的・想像的なヴェールで過酷な現実界を覆うという作業になる。

アリスにとってのトラウマは一連の出来事がひとつに凝縮されたものであった。父親は酒を飲むと狂暴になって母親を殴るような暴力的な男であったが、この父がある日ナイフをちらつかせて母親を脅すという穏やかでない事件が出来《しゅつたい》し、そのあとアリスは父親が死ぬことを願ったと語る。オイディプスの悲劇さながらの父への憎悪と母への近親姦的かつ同性愛的な愛情は、通常であれば主体の成長にしたがってなんらかの形で折り合いをつけ克服されるべき葛藤であるのだが、アリスにとってはそうはならない。というのも、父への憎悪がまだ温存されているうちに父が本当に死んでしまうからである。アリスはそのときまだ十歳であった。

自らの拒食と過食についてアリスは、このトラウマにもとづいた解釈を行なう。父の死を願い、そして死なせてしまったことへの罪責感から（もちろん現実にはアリスが手にかけたわけではないのだが、無意識が現実を理解する仕方の恐るべき複雑さは、フロイトの『夢判断』の読者にはお馴染みのものであろう）、食べ過ぎたり食べなさ過ぎたりする異常な摂食行動で自分を罰しているというのだ。またこの罪責感の影響力は摂食行動にとどまらず、幻覚という形でも作用した。毎晩のようにアリスの寝室のドアに近づく足音が聞こえてきた。階段を上るときの父親の足音に似ていたので、アリスはそれを父親の亡霊ではないかと考える。

こうしたことを含めて分析の場で語ることを続けていったところ、幻覚は耳鳴り程度のものに緩和した。転移状況が成立したことで安心できる相手となった分析家とともに行なう作業によって、現実界の危険な威力を減じることができたのである。他の症例に比べて理論的な考察が少ないように見える本症例では、排除されたものの回帰および万能性をふるう〈他者〉の問題がラカン派の知見の固有性を示す記述のひとつであるだろう。原初には母との一体化とそこから生じる万能感に包まれていた主体が、母にも、また自分にも、欠如があることを認めさせられる象徴的去勢の操作は、精神病においては不十分である。生まれたばかりの幼児の全生命を支配するのはおよそ母であり、母が最初の〈他者〉として幼児の前に現れる。しかしこの〈他者〉に欠如があること、すなわち〈他者〉が不完全であり万能ではないことは、精神病の主体にはいまだ承認されていない。万能であると見なされたままの〈他者〉はやがて幻覚や妄想の中で超越的存在として登場する。治療の進展によって焦点化するのがアリスの象徴的去勢であることは明記されていないものの、これを念頭に置くと、本症例を読み解く際の手掛かりになるはずである。

事実、アリスの治療には父と母に対する関係性の変化というモチーフが織り込まれている。幻覚あるいは亡霊として現れることのなくなった父親は、今度は悪夢の中でアリスを追い詰める。父は赦しを乞う。けれどもアリスは父を赦すことができない。憎しみが消えていないのは、この時点ではまだ父の横暴を理解し、父と和解することができないからである。とはいえ一方的ではあるものの、父との対話はすでに始まっている。他方、母親についての問題も顕在化してくる。ここから反比例のように父と母に対する愛情と不満のバランスが変わっていく点に、とりわけ精神分析的な臨床を主題としている本書の読者は注意するとよいだろう。拒食および過食の原因が母親の頼りなさに由来すると捉え直したアリスは、わが子に食事をたんとふるまうことでしか愛情を表現できない母親に非難を向け始めた。家事以外のことや自分の勉強に母親が興味を持ってほしいと望むことは、近親姦的な願望が残っている反面、非難という形でそこから離脱していく契機ものぞかせている。兄や妹の間でひとり母の愛情を十分に受けていないと思ったアリスは、自分のことを「博物館の蝋人形」のようだと形容している。しかし、アリスに必要なのは、母親の愛を奪い返すことでも、母親を母の理想像に近づけることでもなくて、そのようにして〈他者〉に期待し〈他者〉を自分好みに変えようとする欲望にけりをつけることである。

ここまで来たところで、治療は欠如（manque）を取り扱うことになる。つまり、アリスの家には男が欠如しているというわけだ。実際、彼女が幼い頃に亡くなった父はとうにいないのだから、その後も常に戻ってくるべきではないのであって、本来なら亡霊（revenant）として回帰してくるべきではない。このあたりの言葉の微妙なロジックはフランス語の言語上の表記と密接に関連しており、詳しくは訳注を参照していただきたい。単に音声あるいは文字などでしかないシニフィアンの次元が無意識に大きな作用を及ぼすことを見いだしたのは、フロイトの卓見であり、またラカンが非常に重視したフロイトの功績である。ラカン派の視点から特に注目すべきは、やはりこの欠如の問題が象徴的去勢を軸に展開している点であろう。端的に説明すると、現実的なものの水準にあった亡霊という幻覚の形で現れる父が在と不在で構成される象徴的な論理に従う存在へと変化した、ということである。現実界にあるものは不在であることができない、ないということがあり得ない。図書館の本棚にあるべき本が見つからないとき「その本がない」と認識するのは、当の本が書籍リストなりに象徴的に登記されラベリングされているからである。その本が物理的に構成元素に至るまで消滅したのでないかぎり、象徴的には「なくなっている」としても、現実的にはなくなっていない。あるべき場所に置かれていないだけのことだ。それに対して、不在であることを在とともに含んでいる水準は象徴界のそれである。象徴的去勢はこうして欠如のうえに成立する。欠如の論理を受け入れたアリスは、父親のイメージをポジティブなものへ作り変え、和解への道をまた一歩進めた。トラウマとなる光景にも表われていた父の暴力性と入れ替わるようにして、父の暴力をひたすら甘受していた母親の受動性への不満を強める一方、父親に自分が似ていることの発見がアリスを喜ばせるようになる。女児が父に同一化するというのは、男性的あるいは同性愛的な女性主体の形成を思わせる節がある。ただ、アリスが普通の異性愛に興味を持ちつつも躊躇している後半部の記述などを見ると、性愛全般に困難はあっても、性愛の対象選択についての困難はそれほど前景化していないようだ。母親が与える食事を腹に詰めこんでは吐き出していた事実に気づいてからは、母のいる家から離れることがアリスの欲望するところとなった。アリスが疑問を投げかけることで，父との対話は進展し，ついに彼女は父に赦しを与えた。彼女のオイディプス的葛藤はひとまず幕を閉じ，治療は中断する。

数ヶ月後，新しい幻聴症状を携えてやってきた彼女は分析を再開した。過食も再開しており，アリスはこの原因を父親が欠如していることに求めようとする。欠如を埋めるための過食なる表現に著者が訂正を加えているのは，ラカン派において，あくまで象徴的な論理のもとで機能すると考えられている欠如という言葉と，過食の真の原因を区別するためであろう。他の症例でも空虚（vide）が引き起こす不安についての記述があるが，「食べるか，さもなければ死か」という二者択一的観念と危険な欲動に憑りつかれたアリスに起きた出来事の描写は，なかなか読みごたえのある個所で，ドラマチックな手法で各エピソードを描き出す著者独特の症例報告のスタイルがここにも認められる。

口から発される声などが侵襲してくる幻聴や食べることに症状が出現している本症例に，口唇的な性格がある点は指摘するまでもないだろう。ひとつ重要な見方として，ジュイッサンスの面からこの点を著者が捉えていることを付言しておく。食べ過ぎるのも食べなさ過ぎるのも致命的な苦痛であり，と同時に圧倒的な快感を帯びている。精神分析に知悉している読者にはあらためて強調する必要はないけれども，欲動は必ずしも自己保存的ではない。むしろ自己破壊的ですらある。快を求め不快を避ける単純な快原理だけでは説明できない彼岸についてフロイトが重ねた思弁を，ラカンはただの思弁として退けはしなかった。

本書を読むと気づかれるように，著者が実践する臨床技法は自由連想法にとどまらない。著者は不安の発作に襲われたアリスに対しても「書くこと」を勧めている。幸いにも書くという作業はアリスにマッチしたようで，著者好みの表現で言えば，不安を惹起する空虚はシニフィアンによって覆いをかけられることとなった。つまり，幻覚や不安や過食がおさまったのである。

しかしそれでも，当然ながら分析によって全てが解決されるわけではない。分析を受けたからと言って，アリスの身体も心も理想とするものに完全に一致することはない。だが，アリスは自分の身体を受け入れ始める。完璧とはいかなくとも、女性として振る舞い、おしゃれを楽しむようになった。恋愛で揺れ動く心の方はそれほど簡単にはいかなかったらしい。ここでもトラウマの魔力は触手を伸ばし、父親に暴力で従属させられていた母親と自分を重ね合わせてしまうような状況からアリスを逃避させる。異性に興味を持っていないのではないのだろう、嫉妬もする年頃の女の子である。けれども、男性が戦利品かアクセサリーのように見せびらかすためのモノとしてアリスを扱うことは、彼女には耐え難かった。その窒息感はかつて自分が博物館の蝋人形であると感じたときのことを思い出させた。

そんなアリスの支えになったのは知であった。知を授けてくれる大学とそこに所属する教授達をアリスは母親よりも父親の系列に数え入れているが、ラカン理論を識る（もしくは識りたい）私達にとってこれはなかなか啓発的な見方である。本書を読まれた方は、精神病では〈父の名〉の機能不全が生じていることを指摘するラカン派の理論が実際の臨床場面で鮮やかに利用されている実態を、すでに目撃していることであろう。アリスにおいてもまさに問題であった〈父の名〉が、大学の知を通じてあたかも取り戻されているかのような観を呈していること、このことの理解に後期ラカンの重要な理論展開のひとつと目されるサントームの概念の助けを借りない手はない。象徴界、想像界、現実界からなるボロメオの結び目がほどけるのを補填するものとして、〈父の名〉の代わりに主体の安定を回復させるものとしてサントームは機能する。それぞれの主体ごとに特異的であるために、それがどういう形で実現するかは予言できない。しかし、拒食や過食、幻覚といったあまりにも過酷な仕方で襲ってくるときの脅威が弱められて、心強きツールとしてアリスが獲得した知や書くことに新たに見出された固有のジュイッサンスは、もはや恐れるべきものではない。

アリスにとって父は強い恐怖の対象ではなくなり、一種の形而上学、神学のごとき問いを投げかけるための起点のようなものにまで高められる。知はサントームとなってアリスを支え、怖さと会いたい願望が入り混じったアンビバレントな感情を燻《くゆ》らせつつも、父には知が付与される。アリスは父に問う。父は知を想定された主体となった。精神病の構造を持っているとと考えられる主体が分析によってここまで回復することは、精神分析の常識として言われ続けてきた精神病への不介入という禁則を知る者には、奇妙に思えるかもしれない。近年ラカン派で議論となっている普通精神病、軽症化精神病などは、こうした臨床の実態をより良く理解する助けとなるだろう。本症例がいわゆる重篤な妄想、幻覚をもつ古典的な精神病と同じ意味で精神病と言われるべきであるかどうかは、確かに検討の余地のあるところである。精神分裂病の統合失調症への病名変更や自閉症、発達障害の顕在化といった臨床現場をめぐる時代環境の変化は目まぐるしく、認知行動療法や薬物療法の歩みと完全に軌を一にするわけではないにしても、精神分析においてもまた、様々な問題提起や省察が活発に行なわれている状況がある。いまだ解かれずに開かれた問いである。

アリスの治癒もまた完全ではなく、喪の作業が完了したとは言えない。彼女の問いは解かれないままだ。しかし、その問いも同様に開かれている。そしてアリスが再び必要を感じたときには、分析家もオフィスの扉を開いて待っているだろう。

（小長野航太）

影の国のヴィクトール

愛する者を突然失ってしまうこと、あるいは自由や理想または祖国などの喪失は、人間を正常な生活態度から逸脱させてしまう。失ってしまったもの、一方的に奪われてしまったと感じられるものに対するあまりにも強い哀惜と執着が、外的世界への関心を失わせ、その結果、人は他人との接触を避け、内へと引きこもるようになる。フロイトは「喪とメランコリー」において、このような状態について考察した。フロイトによれば、自我がふたたび自由になり制止を免れるためには、この喪の作業を一定期間経なければならない。この症例では、このような喪の作業が問題となっている。確かに分析において見せるヴィクトールの冗談やブラック・ユーモアは、こういった状態からはかけ離れているように見えるかもしれない。しかし、彼を夢の中で追いまわす影や不安は、彼の母親への不十分であった喪の作業と関わっていることが分析によって明らかになる。

だが、この症例において特筆すべきはそれだけではない。症例の後半では、うまくいかなかった喪の作業が世代を介して引き継がれるということが取りあげられる。彼の父親自身の喪の作業が不十分であったことに関するヴィクトールの発言は、喪の作業の複雑さ、またはその困難さに関する新たな考察を促さずにはいない。このことは、喪の作業だけにとどまらず、症状形成や本書の中心テーマでもあるトラウマについても新たな観点を与えてくれるだろう。

（中野正美）

究極的脅威

☆ジャン

ジャンは致死的な病いに侵され、遠くの島から緊急に搬送されて病院の無菌室にいた。分析家は、病院のスタッフに何の反応も示さない彼に会うために無菌室に入った。彼との対話の結果、彼は無菌室の空調の目に見えない音に恐れおののいていたことがわかった。彼は即座にサイクロンの脅威にさらされた風景の絵を描き、それについて分析家に語った。こうして自分を襲っている目に見えない脅威を、サイクロンという馴じみの危険と結びつけて思考可能なものにし、言葉によって立ち向かえるものにしたのだ。

彼はその後のセッションでも多くの絵を描き、語っていった。それによって、不在や時間の経過という表象不可能なものを表象化しようとした。例えば、絶滅した動物達を表わすシニフィアンは、それらの不在を超えた痕跡を残した。また、ある時は悪性の細胞に対する治療の戦いを表象化しようとした。そして、病気や医学という〈他者〉に対して、パロールという武器によって、従属することから距離を取り続けた。

退院する前夜、彼は一人の画家のデッサンを描いた。絵の中の画架の脚はシロアリに喰われていた。沈黙の後でこう付け加えた――「レオナルド・ダ・ヴィンチ、彼が生まれて死んでから大分経つ」。彼はこの固有名詞によって、シニフィアンによる不死を示そうとしたのだ。作品そのものはシロアリの被害のように時間による消滅の危機にさらされているが、文化の場所、〈他者〉の場所に参加することによって、画家は歴史の中に不滅の痕跡を残す。彼は言葉によって捉えられない欠如があるということを示し、その穴の周囲に接近した。そして物語を創造し、不可能な現実界を思考可能な現実に変換することによって、致死的な病いに立ち向かったのだった。

☆マリー

マリーは自分が白血病になったことを罰のように感じ、自分はいったいどのような悪事を働いたのかと自問した。そして二年前のクラスメートの家の火事でその母親が亡くなった出来事について思い出した。彼女はそのとき、募金活動で彼女が集めたお金を自分の小遣いとしてこっそり取っておいたのだった。白血病は他の家族の不幸を利用した罪の証しであり、自分はそのせいで間違いなく死ぬだろうと思った。

他方で彼女は自分の個人史について問いかけ始めた。父親は彼女が幼い時に母親と別れ、去年亡くなっていたのだが、彼について思いを巡らすようになった。いくつもの夢を見るようになった。こうしたことに直面するうちに、彼女に困難や罪責感があるにもかかわらず、自分が生きたいという欲望があることに気づいた。このとき、白血病によって捉えられた恐怖の場所から離れつつあった。彼女は退院し、地域の分析家と分析作業を始めていたのだった。

☆エマ

エマは十八歳であり、かつて白血病だったけれど奇跡的に治癒した。彼女には記憶の「穴」があった。「生きてこなかった人生をどのように思い出すのか」、治癒してから残されたものは「何もない（rien）」と言っていた。母親から、彼女は中絶手術から生き延びて生まれてきたと告げられ、母親の彼女に対する死の願望が彼女の幼年期の病いによって封印されていたことがわかった。病気だった頃に彼女の治療のために力を尽くしてくれたのは祖母だった。

彼女には身体の「穴」もあった。化学療法によって水痘の瘢痕《はんこん》が悪化したものである。これらの「穴」の原因は病気であったが、彼女にとって、その背後には真の原因である母親がいた。母親の彼女に対する死の願望を、彼女は「私は何でもない。すなわち無（rien）である」と変換して分析家のところに持ってきたのだ。「穴」は「無」を具現化していた。

分析は長い間、母親や祖母という〈他者〉の欲望、「穴」「無」のまわりを巡り続けた。やがて夢が彼女を彼女自身の欲望の問いへと導いていった。そして、父親から熱愛されている美しい母親に対する羨望が語られ、分析においてエディプス葛藤が展開されるようになり、彼女の制止は取り除かれた。彼女はおしゃれで魅力的になったのだ。彼女の「穴」は女性性への接近を阻む機能を持っていたが、同時に分析作業を続けさせてくれるシニフィアン的な痕跡でもあった。そのおかげで彼女は制止されていた活力が引き出され、彼女の運命を支配していた病いから離れることができたのだった。

〈訳註〉

†一　ランボー、エリアシェフ著『天使の食べものを求めて――拒食症へのラカン的アプローチ』向井雅明監訳、二〇一二年、三輪書店

用語解説（50音順）

（片岡一竹）

・隠喩と換喩 métaphore et métonymie

換喩とはひとつのシニフィアンが連想にしたがって横滑りしていくことを指す。そこでは、新たなシニフィアンが連結されるにつれて元の意味が絶えず変更されてしまう。これは患者の自由連想の基本的なあり方を表わすものと言える。患者の発した言葉《パロール》の意味は連想の中でずれ続ける。また欲望の対象も、それが次々に移り変わっていくという点において換喩的である。他方、隠喩は、あるシニフィアンが一見関係のないシニフィアンによって置き換えられることによって新たな意味作用が生じることを指す。例えば、「ジュリエットは美しい」を「ジュリエットは太陽」と言い換えることで、「暖かさ」や「崇高さ」などといった意味作用が新しく生じるなど。患者の自由連想の中で、突飛であったり含蓄があったりする言葉が出現するときには、そこで隠喩が生じていると言える。

・打ち切り interruption

分析の打ち切りのこと。ラカン派の多くの分析家はセッションの時間を固定せず、分析家の判断によって毎回違うタイミングで分析を打ち切るという変動時間制セッションの方式を採用している。時間を固定すると、患者は終わりに近づくまで重要な話を避けるようになるため、時間が無駄になってしまう。変動時間制セッションを用いると、分析がいつ終わるかわからなくなり、患者はつねに緊張感を持って語れるようになる。また変動時間制セッションでは患者が重要なことを述べたところを分析が打ち切ることによって、患者は、自分が今しがた述べたことにもう一度向き合うように促される。

・エディプス・コンプレクス complex d'Œdipe

フロイトが精神分析の中核になるものとして導入した概念で、母親を巡って父親との間に起きる競合関係や、父への敵意ゆえに処罰される不安（去勢不安）などの観念複合体を指す。どの患者においても、分析を続けていくとこのエディプス・コンプレクスが明らかになり、その克服が分析の最終的なテーマになるとされている。

ラカンにおけるエディプス・コンプレクスは、主体が言語の世界へ参入する際の構造を神話的に表わしたものである。幼児にとって自分の世話をしてくれる母は世界そのものである。人間の世界は言語によって成り立っているので、母=言語の状態にある。そこでは、母が目の前から居なくなることは幼児に根源的な不安を与えるので、母を自分の許に引き止めておくために、母の欲望の対象に同一化しようとする。だがそれは、主体の全存在が母という一人の〈他者〉の恣意に従属してしまうことを意味する。しかしそこに父（〈父の名〉）が介入することによって法が導入され、主体は母から分離される。そこで母が言語そのものである状態を脱し、言語の世界で身を落ち着けることが可能になる。

・快原理 principe de plaisir

心的機能は快原理と現実原理の二つの基本原理に従う。快原理は不快を避けて快を求めることを目的とする原理だが、ここでの快と不快は純粋に経済論的に捉えられている。すなわち興奮量を増大させるものは不快であり、減少させるものが快である。心的機能は根源的に快原理に従うが、外界の条件を考慮に入れること（現実吟味）の必要性から現実原理にも従わなければならない。現実原理は快原理を規制し、満足の迂回を強いる。快原理と現実原理は対立するものであるが、快原理は迂回されるだけで結局目的を果たせるので、現実原理は快原理を現実に則して満たすためにそれに仕えているとも言える。だが後年になると、もはやいかなる意味でも快原理からは説明不可能な現象が見られるようになる。フロイトはここで快原理の彼岸を見出し、そこでは死の欲動が働いているとした。

・解釈 interprétation

抑圧されたものは無意識の形成物となって回帰するが、分析家はこの派生物をもとに解釈を与え、抑圧された表象との結びつきを回復させる。精神分析についての一般的なイメージは、患者が発した言葉《パロール》について、分析家がその精神分析的な意味を教えるというものだろう。だがラカン派精神分析では、分析の中心にあるのはあくまで患者（分析主体）自身の自己分析の作業であると考える。したがってパロールに何らかの意味を見いだすのはあくまで分析主体の作業であり、分析家の解釈は、患者が解釈の作業を行なうべき箇所を指摘する暗示やヒントのようなものである。分析家の解釈は患者の疑問や懊悩に答えを与えるものではない。

・去勢 castration

去勢はエディプス・コンプレクスのコアとなるものであり、それが意味するのは、端的に言えば〈他者〉（A）の中に欠如（Ⱥ）を見いだすことである。幼児にとって母は世界そのもの（言語そのもの）であり、母は完全で欠如がないことになっている。このことを神話的に表わせば、幼児は母がファルス（φ）を持っていると想像している（これは想像されたものなので想像的ファルスである）。だが、やがて母の世界が完全でない（Ⱥ）と分かると、母のファルスの欠如（$-\varphi$）が明らかになり、母の去勢が見いだされる。だが子供はそこで、自らが想像的ファルスに同一化することでこの欠如を埋めようと試みる（ファルス「で在ること」）。しかしファルスを「持つ」父（〈父の名〉）が現されると、母のファルスの欠如（$-\varphi$）自体を表わす象徴的ファルス（Φ）が示される。子供は初め、父が母のファルスを剥奪したと考え、母にファルスがあること自体は疑わないが、やがて象徴的ファルスを受け入れ、母における欠如を認める。これが去勢である。母の去勢の受け入れが主体の去勢となるのだ。

・言表と言表行為 énoncé et énonciation

言表は口に出されたもののことで、言表行為は何かを口に出すという主体的行為を指す。ひとつの言表には、言表しか問題にならない場合と、言表行為が問題になる場合がある。言表しか問題にならない場合というのは「命令」という形での言表である。命令においては誰がどのような意図で発したかは問題とならず、ただ命じられたことの遂行のみが求められる。これは機械に発するコマンドのようなものである。他方、言表行為が問題となる場合とは、「疑問文」の形をとった言表である。疑問文は「なぜそのことを訊くのか」という意図への問いを生み、そこでは発話者の行為が問題となる。言表行為は主体的なものとの関係によって考えられるもので、人間に特有なものである。

・事後的効果 aprés-coups

ラカンはフロイトにおける外傷の事後性を強調した。ひとつの出来事が外傷的なものとなるのは、その後に起こった別の出来事の遡及的な効果によるものである。幼児期に受けた性的侵害は、性についての知識がない時には外傷とならない。しかしそれは理解不能なものとして意識されずにとどまり、成熟後に起こった別の出来事によって呼び起こされると、外傷的なものとなる。外傷の原因は二重化されており、あるストレスが直接外傷に繋がるわけではない。ある出来事は、以前の記憶を外傷として喚起するために外傷の原因となるのである。

・疾病分類 classification des maladies

フロイトとラカンは伝統的な精神医学に則り、疾病を神経症、精神病、倒錯の三つに分類する。DSMのような細かなカテゴリー分けが不要であるのは、症状の記述的要素によってではなく、主体の構造的なあり方によって鑑別を行なうからである。神経症者においては〈父の名〉が機能しているが、精神病者においては〈父の名〉が排除されている。また倒錯者においては、〈父の名〉は排除されてはいないものの、想像的なものに留まっている。〈父の名〉は象徴界の法を統御するシニフィアンであり、言語的な世界を一定の秩序（法）をもったものとして成立させている。だが精神病者は〈父の名〉の排除のために法を機能させられず、特定の他者へのイマジネールな同一化によって安定を保っている。しかしこの安定は脆いものなので、一旦それが崩れると、発病に至る。神経症はさらに強迫神経症とヒステリーに分類される。神経症を定義する機制は抑圧であり、神経症的症状は抑圧されたものの回帰である。これらの二つは回帰の種類が異なっている。強迫神経症では抑圧されたものが思考や行為に回帰し、ヒステリーでは身体に回帰する。しかし神経症の根本にあるのはヒステリーで、強迫神経症はヒステリーの一部をローカルな言葉で表わしたものである。分析を続けると、強迫神経症者にも隠れたヒステリー的な部分が浮かび上がってくる。

・シニフィアン signifiant

ラカンは人間の言語はシニフィアンから成り立っていると考える。動物は記号（signe）しか用いない。記号の特徴は、記号と指示対象がつねに一致することである。しかしシニフィアンは現実の指示対象に対応するのではなく、それ自体では何の意味も持っていない。意味が生まれるのはシニフィアン同士の連鎖によってである。あるシニフィアンは別のシニフィアンと連結することでシニフィエ（signifié 概念）を生じさせる。このプロセスをシニフィカシオン（意味作用 signification）という。言語はシニフィアン連鎖によって構成され、人間固有の現実を構成している。無意識は主体が〈他者〉から受け取った様々なシニフィアンの集積によって成り立っており、そこにアプローチするためにはあくまで言語のシステムの観点から精神分析を考えなければならない。

・ジュイッサンス jouissance

欲動の満足を指す。ここで欲動とは死の欲動も含むため、ジュイッサンスは快原理を含みつつもそれを超えた満足であり、苦痛ともなりうる。ジュイッサンスの完全な満足は死に等しい。快原理はこのジュイッサンスを統御し、快原理の範囲内に収めようとする。そのために純粋なジュイッサンスは不可能な満足となる。

人間は原初においてシニフィアンに触れて、外傷を被るが、それはジュイッサンスとして経験される。ジュイッサンスの起源は人間とシニフィアンの出会いにある。このジュイッサンスはシニフィアン連鎖の中で部分的に中和されるが、主体は創設的な外傷体験のジュイッサンスを反復しようとする。

・症状 symptôme

患者の自我は、受け入れがたい表象が生じるとそれを抑圧し、抑圧された表象は無意識を形成する。フロイトによると無意識の表象はつねに意識に浮上しようとするが、そのままでは自我の検閲によって阻まれるので、別の表象と結合し、形を変えて回帰する。症状とはこのように回帰した無意識の形成物の一つである。また欲動の観点から考えれば症状とは妥協形成であると言える。抑圧された性欲動は目標を制止され、満足の対象を捨てざるを得ないが、症状において欲動は不完全ながら目標を達成する。症状とは一方では欲動の満足（ジュイッサンス）であり、他方では処罰である。

• 想像界、象徴界、現実界　l'imaginaire, le symbolique, le réel

想像的なもの、象徴的なもの、現実的なもの、あるいは、イマジネール、サンボリック、レエルとも呼ばれる。想像界はイメージの領域、象徴界は言語の領域、現実界はそのどちらでもない領域を指す。イマジネールな関係は双数＝決闘 duel の関係であり、愛憎が入り乱れる袋小路である。象徴界は第三者であり、想像的関係を調停し、そこに法を導入するような〈他者〉の審級である。ラカンは当初、分析家は〈他者〉となり、患者を象徴的なものの場所に導かなければならないと考えた。現実界については、当初ラカンはほとんど問題にしていなかった。しかし外傷や欲動の満足（ジュイッサンス）について考えようとすると、想像界でも象徴界でも説明不可能なことがあると明らかになり、象徴界における不可能な穴が現実界としてクローズアップされることとなった。そこでは分析の目標は象徴的なものを通して現実的なものを扱うことになった。

• 疎外と分離　aliénation et séparation

六十年代のラカンがエディプス・コンプレクスに代わって主体形成を考えるために導入した概念。疎外は主体が〈他者〉からのシニフィアンを受け入れて、言語世界に参入することを意味する。ここにあるのは主体に固有の「存在」と言語世界における「意味」との間の選択である。疎外を経験した主体は固有の存在を失ってしまい、言語世界における〈他者〉との関係しかなくなってしまう（存在欠如）。生の安定のためには、〈他者〉の中に主体の場所が見つけ出されなければならない。これを分離という。主体の場所とは〈他者〉における欠如であり、〈他者〉の中にありながら〈他者〉ではない部分である。この欠如は対象aとして見出され、それを取り込むことによって、主体は言語世界とは分離した場で自らの位置を見いだす。

・対象a objet a

ラカンが現実界を扱うために〈もの〉に引き続いて導入した概念。幼児が言語の世界に入ることが主体の誕生であるが、言語と主体は本来別物であるので、そこで言語化しきれない残余 reste が零《こぼ》れざるを得ない。この残余が対象aである。対象aはまた、剰余享楽（plus de jouir）と同じものだとされる。人は言語の世界に入ると完全なジュイッサンスを喪失してしまうものの、その残余としてシニフィアンの論理に基づいた別種の部分的ジュイッサンスを生み出す。これが剰余享楽である。対象aが表わすのは現実界の残余である。

・〈他者〉l'Autre

ラカンは精神分析を考える際に他者を重要視する。無意識は他者から受け取ったディスクールによって構成されており、また主体の誕生には他者の経験が切っても切り離せないためである。ラカンは小文字の他者（l'autre）と大文字の〈他者〉を区別する。小文字の他者は一般的な用法で用いられており、兄弟や友人のように自分と同じ水準にある想像的なものを指す。他方、大文字の〈他者〉は象徴的なもので、小文字の他者を超越した絶対的な〈他者〉を指す。それは子供にとっての大人、先生、または神など、自分よりも高い水準にあるものである。言語は外部の〈他者〉から与えられたものなので、言語もこうした〈他者〉と言える。言葉を話すことができない幼児にとって、言語とは自分とは異質な〈他者〉が話していたものであり、言語の世界に参入するということは、根源的な〈他者〉の経験である。無意識が言語のように構造化されていることを踏まえれば、無意識もひとつの〈他者〉である。

・転移 transfert

フロイトは分析治療において、患者が分析家へ恋愛感情を向けるという現象に注目し、そこでは転移の機制が働いていると考えた。転移とはもともと「抑圧されたものの回帰」と同じような意味で用いられていた言葉だが、ここでは過去の対象愛の反復を意味する。近親者へ向けられた近親姦的愛情は抑圧されるが、それが治療者との関係の中で反復されるのである。

このようにフロイトにおいて転移は反復のひとつであるが、ラカンは両者を切り離して考えた。ラカンにおいて転移が生じるのは想定された知の主体（Sujet supposé Savoir）の成立のためである。分析を続けるうちに患者は、自分自身の中に探している秘密について分析家が何かを知っているという想定を生じさせる。その結果として場合によっては患者は知を想定された人を愛するようになる。これが転移の愛である。

・同一化 identification

他者の部分的な属性を取り入れて、自分に同化すること。対象選択はしばしば同一化といった形で現れる（ドラが愛する父親の咳を真似たように）。また他者のポジションに身を置いて、自分と他者を同一視するという同一化もある。同情が生まれるのはこうした同一化のためである。ラカンにおいて同一化とはシニフィアンへの同一化である。例えば「学生」や「社長」といったシニフィアンを受け入れることで、その人は象徴界において学生や社長というポジションに身を置くことになる。シニフィアンの受け入れは、主体がシニフィアンになり、象徴界においてひとつのポジションを得ることを意味する。

・ファルス phallus

男根のことであるが、ペニス（pénis）が生物学的な器官としての男根を指すのに対し、ファルスは象徴的、想像的な意味において捉えられた男根を指す。ファルスには想像的なファルス（φ）と象徴的なファルス（Φ）がある。想像的ファルスは幼児が母親に備わっていると想像しているものであるが、母親のファルスの欠如（$-\varphi$）が明らかになると、それは母親の欲望の対象を表わすものになる。他方、象徴的ファルスは言語的な次元にあるもので、ファルスのシニフィアンである。それは想像的ファルスの欠如（$-\varphi$）によって成立するもので、この欠如をシニフィエとする。象徴的ファルスは去勢（ファルスの欠如）を含んだものであり、想像的ファルスの欠如という否定的な事実を肯定のかたちで表わしたものである（「ファルスがない」のではなく、「『ファルスがない』がある」）。〈父の名〉と〈象徴的〉ファルスは、ともにシニフィアンの秩序において中心的な機能を持つシニフィアンであるが、〈父の名〉がシニフィアン同士の法を司るものであるのに対し、ファルスはあらゆるシニフィエやシニフィカシオンがそれに帰着するようなシニフィアンとして、欲望やセクシュアリティの正常化を司るものである。

・ファンタスム fantasme

例えばセクシュアリティや死などは人間の生と切り離せない重要な事項だが、それはロジックでは語りえない。このことは人間の知に亀裂（知における穴 trou）を生じさせ、対処不可能な現実界として外傷をもたらす。そのためこの裂孔 béance を覆うべき言葉やイメージが必要となるが、この穴は論理的には解決不可能であるため、物語によって扱われるしかない。ファンタスムはこのような現実界を覆うヴェールであり、想像的なものと象徴的なものから構成されている。それは、無意味な現実界でしかないものに物語を与え、意味やイメージがあるように見せかける機能を持つ。ファンタスムによって現実界を物語として語ることができ、穴が覆われるのである。神話や小説などはその典型である。

外傷的な出来事は、それまでの知では対処不可能なものであるため、ファンタスムを破壊して、知における根源的な穴を明らかにしてしまう。こうした現実的なものである外傷から防衛するために、主体は新たなファンタスムを構築し、外傷が明らかにした穴を覆わなければならない。

・父性隠喩 métaphore paternelle

$$\frac{\text{〈父の名〉}}{\text{母の欲望}} \cdot \frac{\text{母の欲望}}{x} \rightarrow \text{〈父の名〉}\left(\frac{\text{A}}{\text{ファルス}}\right)$$

父性隠喩の図式はラカンのエディプス・コンプレックス理論を簡潔に説明してくれる。子供にとって絶対的な〈他者〉

である母親が、目の前に現れたりいなくなったりすることは、「母の欲望」の謎（x）をもたらす（母の欲望／x）。ここでxが指すのが想像的ファルス（φ）である。子供は母の欲望を満足させるために想像的ファルスに同一化しようとする。しかしそれは主体の全存在が母の恣意に従属してしまう危険な状態である。子供が母の世界の外に出て安定を獲得するためには〈父の名〉が導入されなければならない。〈父の名〉は母の欲望の答えとなる〈父の名〉／母の欲望）。子供は、自分では母の欲望を満足させられず、それができるのは父だけであると気づき、父に同一化して、父のように〈象徴的〉ファルスを持とうとする（式中の「ファルス」はこの象徴的ファルスを表わす）。父性隠喩において、〈父の名〉によって母の欲望に従属した状態を脱し、法が成立するとともに、象徴的ファルスの機能が働くようになるのである。

・〈もの〉das Ding

ラカンが現実界を扱うために導入した最初の概念であり、対象aのもとになったものである。フロイトは、幼児が母親から受ける満足体験は、変換されて心的装置に記録されるが、変換不可能な部分（理解不能な部分など）は外部に放逐されて失われると考えた。この放逐を、ラカンはシニフィアンの秩序（象徴界）からの〈もの〉の放逐であると考えた。言語の世界への参入において〈もの〉は象徴界から放逐（排除）され、現実界を形成する。心的装置に記録された満足体験は、例えば指しゃぶりのような形で再体験することが可能であるが、この再体験は原初的な満足体験をそのまま再現するものとはなりえず、どこか足りない部分を持っている。それは〈もの〉が失われているためである。〈もの〉が意味するのは喪失された満足体験である。しかし〈もの〉は元来過剰であるために放逐されたものであるから、それはシニフィアンの秩序が従う快原理を超えた死の欲動の領域である。したがって〈もの〉を完全に取り戻すことは死に等しい。ジュイッサンスもまた、〈もの〉からやって来るものである。

・欲動 pulsion

主体の根本的な行動原理となるエネルギーを、フロイトは欲動と呼んだ。もろもろの欲動は二つの原欲動に還元されるが、この原欲動は対立しあっており、そこから葛藤が生じて、神経症的症状の形成に至る。この二つの原欲動が何であるかは時期によって異なっている。初めにフロイトが考えたのは性欲動（pulsion sexuelle）と自我欲動（pulsion de moi）の対立であった。性欲動は快原理に従い、満足をもたらす対象へとひたすら突き進んでいくが、自我欲動は自己の保存のために現実原理に従い、性欲動を抑えようとする。

後期フロイトにおいてはこの対立が生の欲動（pulsion de la vie）と死の欲動（pulsion de la mort）の対立に代わる。死の欲動は欲動の守旧的性格に基づいて、生を破壊し、無機物に戻ろうとする欲動であるが、生の欲動は反対に生を統一し、生殖などの形で生を延長させようとする欲動である。主体において一般的に観察されるのは生の欲動であるが、死の欲動もまた隠れながら働いているとされる。この二つの欲動はしばしば混在して現れ、それゆえどちらか区別しがたいこともある。

・欲求、要請、欲望 besoin, demande, désir

欲求は食欲などの生物学的、生理学的な必要性であるが、幼児はそれを満たすためにまず母親という〈他者〉に訴えなければならない。母は幼児の泣き声をひとつの要請を表わすメッセージとして言語的な観点から捉える。そこで幼児の中に〈他者〉が刻まれる。欲求は生自体の必要性として現実界の次元にあるが、要請は言語的であり、象徴界のものである。したがって両者の間にはギャップが存在する。言語的な要請は欲求を満たすためのものを超えて、無条件的な愛の要請となってしまうのである。このギャップは満たされなさを生み、そこから欲望の次元が生まれる。欲望の対象は換喩的に横滑りし、ある対象が手に入っても今度は他のものを欲望してしまう。ギャップが埋められない以上、欲望はいつまでも満たされず、終わりのないものである。

参照文献

1．フロイトの著作

▶ « Pour une théorie de l'attaque hystérique », en collaboration avec J. Breuer [1892], *Résultats, idées, problèmes 1 [1890-1920]*, Paris, PUF, 1984, p. 25-28.〔芝伸太郎訳「ヒステリー発作の理論にむけて」（「『ヒステリー研究』に関連する三篇」）『フロイト全集』第一巻、東京、岩波書店、三〇三—三〇七頁〕

▶ *Études sur l'hystérie*, en collaboration avec J. Breuer, [1895], Paris, PUF, 1956.〔芝伸太郎訳「ヒステリー研究」『フロイト全集』第二巻〕

▶ « Esquisse d'une psychologie scientifique » [1895], *La naissance de la psychanalyse*, Paris, PUF, 1956, p. 307-396.〔総田純次訳「心理学草案」『フロイト全集』第三巻、一—一〇五頁〕

▶ « L'Étiologie de l'hystérie » [1896], *Névrose, psychose et perversion*, Paris, PUF, 1973, p. 83-112.〔芝伸太郎訳「ヒステリーの病因論のために」『フロイト全集』第三巻、二二九—二五七頁〕

▶ « Nouvelles remarques sur les psychonévroses de défense » [1896], *Névrose, psychose et perversion*, Paris, PUF, 1973, p. 62-82.〔野間俊一訳「防衛—精神神経症再論」『フロイト全集』第三巻、一九三—二一八頁〕

▶ « Lettres à Wilhem Fliess. Lettre n° 69 du 21-9-1897 », *La naissance de la psychanalyse*, Paris, PUF, 1956, p. 190-193.〔河田晃訳「手紙 一三九——一八九七年九月」『フロイト フリースへの手紙——一八八七—一九〇四』東京、誠信書房、二〇〇一年、二七四—二七八頁〕

▶ « Première leçon » [1904], *Cinq leçons sur la psychanalyse, Suivi de Contribution à l'histoire du mouvement psychanalytique*, Paris, Payot, 1981, p. 7-20.〔福田覚訳「I」（「精神分析について」）『フロイト全集』第九巻、一一一—一二五頁〕

▶ *Trois essais sur la théorie de la sexualité* [1905], Paris, Gallimard, Folio essais, 1987.〔渡邉俊之訳「性理論のための三篇」

『フロイト全集』第六巻、一六五―三一〇頁〕

▶ « Analyse d'une phobie chez un petit garçon de 5 ans (Le petit Hans) » [1909], *Cinq psychanalyses,* Paris, PUF, 1954, p. 93-198.〔総田純次訳「ある5歳男児の恐怖症の分析〔ハンス〕」『フロイト全集』第一〇巻、一―一七六頁〕

▶ « Contributions à la psychologie de la vie amoureuse. II. Sur le plus général des rabaissements de la vie amoureuse » [1912], *La vie sexuelle,* Paris, PUF, 1969, p. 55-65.〔須藤訓任訳「性愛生活が誰からも貶められることについて（『性愛生活の心理学への寄与Ⅱ』）」『フロイト全集』第一二巻、二三一―二四五頁〕

▶ « Deuil et mélancolie » [1915], *Métapsychologie,* Paris, Gallimard, Folio, 1968, p. 145-171.〔伊藤正博訳「喪とメランコリー」『フロイト全集』第一四巻、二七三―二九三頁〕

« Considérations actuelles sur la guerre et sur la mort » [1915], *Essais de psychanalyse,* Paris, Payot, 1981, p. 255-267.〔田村公江訳「戦争と死についての時評」『フロイト全集』第一四巻、一三三―一六六頁〕

▶ « Rattachement à une action traumatique. L'inconscient » [1915-1917], *Introduction à la psychanalyse,* Paris, Payot, 1972, p. 255-267.〔高田珠樹、新宮一成、須藤訓任、道籏泰三訳「トラウマへの固着、無意識」（「精神分析入門講義」）『フロイト全集』第一五巻、三三四―三四八頁〕

▶ « Extrait de l'histoire d'une névrose infantile (L'homme aux loups) » [1918], *Cinq psychanalyses,* Paris, PUF, 1954, p. 325-420.〔須藤訓任訳「ある幼児期神経症の病歴より〔狼男〕」『フロイト全集』第一四巻、一―一三〇頁〕

▶ « Introduction à "La psychanalyse des névroses de guerre" » [1919], *Résultats, idées, problèmes 1,* Paris, PUF, 1984, p. 243-247.〔本間直樹訳「『戦争神経症の精神分析にむけて』への緒言」『フロイト全集』第一六巻、一〇九―一一三頁〕

▶ « Un enfant est battu » [1919], *Névrose, psychose et perversion,* Paris, PUF, 1973, p. 219-243.〔三谷研爾訳「子供がぶたれる」『フロイト全集』第一六巻、一二一―一五〇頁〕

▶ « Au-delà du principe de plaisir » [1920], *Essais de psychanalyse,* Paris, Payot, 1981, p. 41-115.〔須藤訓任訳「快原理の彼岸」『フロイト全集』第一七巻、五五―一二五頁〕

▶ *Inhibition, Symptôme et Angoisse* [1926], Paris, PUF, 1951.〔大宮勘一郎、加藤敏訳「制止、症状、不安」『フロイト全集』第一九巻、一一―一〇一頁〕

▶ « XXXIIo conférence. Angoisse et vie pulsionnelle », *Nouvelles Conférences d'introduction à la psychanalyse* [1933], Paris, Gallimard, Folio essais, 1984, p.111-149.〔道籏泰三訳「不安と欲動生活」（「続・精神分析入門講義」）『フロイト全集』第二一巻、一〇五―一四四頁〕

2．ラカンの著作

▶ « Fonction et champ de la parole et du langage en psychanalyse » [1953], *Écrits,* Paris, Seuil, coll. Le champ freudien, 1966, p. 237-322.〔新宮一成訳『精神分析における話と言語活動の機能と領野――ローマ大学心理学研究所において行われたローマ会議での報告 一九五三年九月二六日・二七日』東京、弘文堂、二〇一五年〕

▶ « Réponse au commentaire de Jean Hyppolite sur la "Verneinung" de Freud » [1954], *Écrits,* Paris, Seuil, coll. Le champ freudien, 1966, p. 381-399.

▶ « La chose freudienne » [1955], *Écrits,* Paris, Seuil, coll. Le champ freudien, 1966, p. 401-436.

▶ « D'une question préliminaire à tout traitement de la psychose » [1958], *Écrits,* Paris, Seuil, coll. Le champ freudien, 1966, p. 369-399.

▶ « Subversion du sujet et dialectique du désir dans l'inconscient freudien » [1960], *Écrits*, Paris, Seuil, coll. Le champ freudien, 1966, p. 793-827.

▶ « La logique du fantasme » [1967], *Autres écrits,* Paris, Seuil, coll. Le champ freudien, 2001, p. 323-328.

« Note sur l'enfant » [1967], *Autres écrits, Paris,* Seuil, coll. Le champ freudien, 2001, p. 373-374.

▶ « L'acte psychanalytique » [1969], *Autres écrits,* Paris, Seuil, coll. Le champ freudien, 2001, p. 375-383.

▶ « Radiophonie » [1970], *Autres écrits,* Paris, Seuil, coll. Le champ freudien, 2001, p. 403-447.

- «L'étourdit » [1972] , *Autres écrits,* Paris, Seuil, coll. Le champ freudien, 2001, p. 449-495.

▶ « Joyce le symptôme » [1974], *Autres écrits,* Paris, Seuil, coll. Le champ freudien, 2001, p. 565-570.

- Le Séminaire, livre XXI, « Les non-dupes errent » [1973-1974], Association freudienne internationnale, 2001.

▶ « Conférence à Genève sur le symptôme » [1975], *Le Bloc-notes de la psychanalyse,* n° 5, 1975, p. 5-23.

▶ « Préface à l'édition anglaise du *Séminaire XI* » [1976], *Autres écrits,* Paris, Seuil, coll. Le champ freudien, 2001, p. 571-573.

★ジャック＝アラン・ミレール校訂のセミネール

- Le Séminaire, livre III, *Les Psychoses* [1955-1956], Paris, Seuil, coll. Le champ freudien, 1981.〔小出浩之、鈴木國文、川津芳照、笠原嘉訳『精神病』上下巻、東京、岩波書店、一九八七年〕

- Le Séminaire, livre IV, *La Relation d'objet* [1956-1957], Paris, Seuil, coll. Le champ freudien, 1994.〔小出浩之、鈴木國文、菅原誠一訳『対象関係』上下巻、東京、岩波書店、二〇〇六年〕

- Le Séminaire, livre VII, *L'Éthique de la psychanalyse* [1959-1960], Paris, Seuil, coll. Le champ freudien, 1986. 〔小出浩之、鈴木國文、保科正章、菅原誠一訳『精神分析の倫理』上下巻、東京、岩波書店、二〇〇二年〕
- Le Séminaire, livre VIII, *Le Transfert* [1960-1961], Paris, Seuil, coll. Le champ freudien, 1991. 〔小出浩之、鈴木國文、菅原誠一訳『転移』上下巻、東京、岩波書店、二〇一五年〕
- Le Séminaire, livre X, *L'Angoisse* [1962-1963], Paris, Seuil, coll. Le champ freudien, 2004.

Le Séminaire, livre XI, *Les Quatre Concepts fondamentaux de la psychanalyse* [1964], Paris, Seuil, coll. Le champ freudien, 1973. 〔小出浩之、新宮一成、鈴木國文、小川豊昭訳『精神分析の四基本概念』東京、岩波書店、二〇〇〇年〕

Le Séminaire, livre XXIII, *Le Sinthome* [1975-1976], Paris, Seuil, coll. Le champ freudien, 2005.

3．その他

- BRIOLE Guy,
  - ▶ « Rêve et névrose traumatique de guerre », *Ornicar ?,* n° 43, Paris, Seuil, 1988, p. 38-44.
  - ▶ « Honte et traumatisme », *Quarto,* n° 63, automne-hiver 1997, p. 19-22.
  - ▶ « Après l'horreur, le traumatisme », *Quarto,* n° 84, juin 2005, p. 16-21.
- CHIRIACO Sonia,
  - ▶ « Quand la mort rôde », *La Cause freudienne,* n° 30, mai 1995, p. 66-69.
  - ▶ « Des vases communicants », *La Cause freudienne,* n° 44, février 2000, p. 117-121.
- DEWAMBRECHIES-LA SAGNA Carole, « L'anorexie vraie de la jeune fille », *La Cause freudienne,* n° 63, juin 2006, p. 57-70.
- GUÉGUEN Pierre-Gilles, « Trauma: la réalité et le réveil », *Ornicar ?,* n° 43, 1988, p. 45-55.
- MILLER Jacques-Alain,
  - ▶ « Clinique ironique », *La Cause freudienne,* n° 23, fevrier 1993, p. 7-13.
  - ▶ « Lacan avec Joyce. Le Séminaire de la Section clinique de Barcelone », *La Cause freudienne,* n° 38, février 1998, p. 7-20.
  - ▶ « Le sinthome, un mixte de symptôme et fantasme », *La Cause freudienne,* n° 39 mai 1998, p. 7-17.
  - ▶ « Les six paradigmes de la jouissance », *La Cause freudienne,* n° 43, octobre 1999, p. 7-29.
  - ▶ « Le séminaire de Barcelone sur *Die Wege der Symptombildung* », *Le Symptame charlatan,* Paris, Seuil, 1998, p.

11–52.
▶ « Biologie lacanienne et événement de corps », *La Cause freudienne,* n° 44, octobre 1999, p. 7–59.
▶ « Introduction à la lecture du Séminaire *L'Angoisse* de Jacques Lacan. I », *La Cause freudienne,* n° 58, octobre 2004, p. 61–100.
▶ « Introduction à la lecture du Séminaire *L'Angoisse* de Jacques Lacan. II », *La Cause freudienne,* n° 59, février 2005, p. 67–103.
▶ « Nous sommes poussés par des hasards à droite et à gauche », *La Cause freudienne,* n° 71, juin 2009, p. 63–71.
• RANK Otto, *Le Traumatisme de la naissance,* Paris, Payot, 1976.〔細澤仁、安立奈歩、大塚紳一郎訳『出生外傷』東京、みすず書房、二〇一三年〕
• SOLÁNO–SUAREZ Esthela, « Les stigmates du trauma », *Quarto,* n° 63, automne–hiver 1997, p. 42–44.

片岡一竹（かたおか　いちたけ）　［フローラ、分析家、そして小さなノート・結論・謝辞・用語解説］
1994年生まれ
現　在　早稲田大学文化構想学部学士課程

竹下のりこ（たけした　のりこ）　［休戦］
1970年生まれ
1997年　北海道大学医学部卒業
現　在　精神科医

飛田辰晃（とびた　たつあき）　［アリス、人形と幽霊］
1988年生まれ
2013年　早稲田大学第一文学部卒業
現　在　フリーター

小長野航太（こながの　こうた）　［影の国のヴィクトール］
1975年生まれ
2003年　専修大学文学部卒業
2009年　専修大学大学院文学研究科博士課程単位取得退学
現　在　専修大学非常勤講師
著訳書　『ラカン「アンコール」解説』（共著）2013年 せりか書房

訳者紹介　　　　　　　　　　［翻訳分担］

中野正美（なかの　まさみ）　［プロローグ・はじめに・リラの隠された宝・Ⅳ死と喪・勇敢な少年、リュ・Ⅴ究極的脅威］
1956 年生まれ
1999 年　上智大学大学院文学研究科博士後期課程単位取得退学
現　在　渋谷分析療法室代表。明治安田生命カウンセラー、駒沢大学学生相談室カウンセラー
著訳書　ヘリック『フロイトにおけるジェンダーと宗教』1995 年 三交社

阿部又一郎（あべ　ゆういちろう）　［Ⅰ幼児期の侵害・ニーナの秘密］
1974 年生まれ
1999 年　千葉大学医学部卒業
現　在　東京医科歯科大学精神科非常勤講師　医学博士
著訳書　アンドレ編『フランス精神分析における境界性の問題』（共訳）2015 年　星和書店、ブルジェール『ケアの社会ー個人を支える政治』（共訳）2016 年　風間書房、ティスロン『レジリエンス』2016 年　白水社

竹下裕行（たけした　ひろゆき）　［めまい］
1968 年生まれ
1997 年　東北大学医学部卒業
現　在　精神科医

仁田雄介（にったゆうすけ）　［Ⅱセクシュアリティは常に外傷的である・天使ガブリエル］
1994 年生まれ
2015 年　早稲田大学人間科学部卒業
現　在　早稲田大学大学院人間科学研究科修士課程

玉崎英一（たまさき　えいいち）　［リュシーにとってのひとつの謎］
1974 年生まれ
1997 年　聖学院大学人文学部児童学科卒業
現　在　会社員

松山航平（まつやま　こうへい）　［Ⅲ愛の傷・謎の女アナ］
1993 年生まれ
2015 年　早稲田大学文学部卒業
現　在　京都大学教育学部学士課程

監訳者紹介

向井雅明（むかい　まさあき）

1948 年　香川県生まれ

1990 年　パリ第八大学精神分析学科 DEA 課程修了

現　在　精神分析家。東京および高松で「精神分析相談室」を開設。
　　　　東京精神分析サークル代表。

著　書　『ラカン入門』2016 年 ちくま学芸文庫、『考える足―脳の時代の精神分析』2012 年 岩波書店、『ラカン対ラカン』1988 年 金剛出版、『精神医学の名著 50』（分担執筆）2003 年 平凡社、『精神分析の名著―フロイトから土居健郎まで』（分担執筆）2012 年 中公新書

訳　書　ジュリアン『ラカン、フロイトへの回帰』2002 年、ルクレール『精神分析すること』2006 年 以上誠信書房、ランボー＆エリアシェフ『天使のたべものを求めて』2012 年 三輪書店、コルディエ『劣等生は存在しない』1999 年 情況出版、他多数。

ソニア・キリアコ著

稲妻《いなずま》に打《う》たれた欲望《よくぼう》

――精神分析《せいしんぶんせき》によるトラウマからの脱出《だっしゅつ》

2016 年 9 月 30 日　第 1 刷発行

2018 年 3 月 30 日　第 2 刷発行

監訳者　向井雅明

発行者　柴田敏樹

印刷者　日岐浩和

発行所　株式会社　誠信書房

〒 112-0012 東京都文京区大塚 3-20-6

電話 03（3946）5666 (代)

http://www.seishinshobo.co.jp/

印刷／中央印刷　製本／協栄製本

検印省略

Printed in Japan

ISBN978-4-414-41465-3 C3011